华章经管

HZBOOKS | Economics Finance Business & Management

我在摩根的收益预测法

用 Excel 高效建模和预测业务利润

エクセルで学ぶビジネス？シミュレーション超基本

［日］熊野整（Hitoshi Kumano） 著

李源纯 译

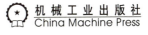
机械工业出版社
China Machine Press

图书在版编目（CIP）数据

我在摩根的收益预测法：用 Excel 高效建模和预测业务利润 /（日）熊野整著；李源纯译 . -- 北京：机械工业出版社，2022.1
ISBN 978-7-111-69738-1

I. ①我… Ⅱ. ①熊… ②李… Ⅲ. ①表处理软件 - 应用 - 投资收益 - 经济预测 Ⅳ. ① F830.593

中国版本图书馆 CIP 数据核字（2021）第 254371 号

本书版权登记号：图字　01-2021-3037

EXCEL DE MANABU BUSINESS・SIMULATION CHOKIHON
by HITOSHI KUMANO
Copyright © 2019 HITOSHI KUMANO
Simplified Chinese translation copyright © 2022 by China Machine Press/Beijing Huazhang Graphics & Information Co., Ltd.
All rights reserved.
Original Japanese language edition published by Diamond, Inc.
Simplified Chinese translation rights arranged with Diamond, Inc.
through BARDON CHINESE CREATIVE AGENCY LIMITED.

This edition is authorized for sale in the People's Republic of China only, excluding Hong Kong, Macao SAR and Taiwan.

No part of this book may be reproduced or transmitted in any form or by any means, electronic or mechanical, including photocopying, recording or any information storage and retrieval system, without permission, in writing, from the publisher.

本书中文简体字版由 Diamond,Inc. 通过 Bardon Chinese CREATIVE AGENCY LIMITED 授权机械工业出版社在中华人民共和国境内（不包括香港、澳门特别行政区及台湾地区）独家出版发行。未经出版者书面许可，不得以任何方式抄袭、复制或节录本书中的任何部分。

我在摩根的收益预测法
用 Excel 高效建模和预测业务利润

出版发行：机械工业出版社（北京市西城区百万庄大街 22 号　邮政编码：100037）	
责任编辑：石美华　刘新艳	责任校对：殷　虹
印　　刷：北京市兆成印刷有限责任公司	版　次：2022 年 1 月第 1 版第 1 次印刷
开　　本：170mm×230mm　1/16	印　张：13.25
书　　号：ISBN 978-7-111-69738-1	定　价：79.00 元

客服电话：（010）88361066　88379833　68326294　　投稿热线：（010）88379007
华章网站：www.hzbook.com　　读者信箱：hzjg@hzbook.com

版权所有・侵权必究
封底无防伪标均为盗版
本书法律顾问：北京大成律师事务所　韩光 / 邹晓东

前　言

■ "擅长数据处理"的人是什么样的人

如果提到"擅长数据处理的商务人士"，你脑海中会浮现出什么样的人物形象？

只要看一眼盈利预测中的数字，就能立刻发现利润计算错误的上司；或者，只要收到"请计算出这个比率"的指令，就能迅速心算出答案的年轻职员……大家身边是不是也有这样的同事？

但是，这类人究其根本，无非是具有在既定的计算方法下发现错误或者快速计算的能力。如今计算机技术发达，我们并不需要努力训练这类能力。

那么，什么样的人才能被称为"擅长数据处理"呢？

本书对"擅长数据处理的商务人士"的定义是：他们能对不确定的未来定量模拟，同时决定对策的优先顺序。此处的重点是"定量"。对比图 0-1 中的左右两列能清楚地发现，左侧使用的是"迟早"这类模糊的字眼。与之相比，右侧结论清晰，如"3 个月内"。毋庸置疑，右侧的信息能帮助我们更好地预测未来。

不擅长定量模拟的人	擅长定量模拟的人
社长 维持现状公司迟早亏损！ 不过若尽快实施以下对策 （1）推出新商品，提高销量 （2）削减人力成本 我想，本年度盈利情况可观！	社长 维持现状公司7个月后面临亏损！ 不过若在3个月内实施以下对策 （1）推出新商品，销量能提高10% （2）将人力成本削减15% 预计，本年度可实现10亿日元的盈利！

图 0-1 擅长数据处理 = 擅长定量模拟

投资银行在确定企业收购价格时也基于定量模拟方法

笔者大学毕业后就职于摩根士丹利，在投资银行部从事项目融资以及M&A（企业收购、合并）的财务顾问工作。企业并购交易的规模高达数百亿甚至数万亿日元，投资银行需对目标企业进行估价，确定相对公允的交易价格。

以下内容会涉及金融专业知识，收购价格的高低取决于目标企业的未来盈利情况。例如，在收购 A 公司（即被收购企业）时，我们将 A 公司的未来自由现金流按一定贴现率贴现得到的现值即为收购价格。目标公司未来的盈利成长性越好，收购价格就越高。

因此，投资银行需要定量模拟 A 公司的未来盈利情况。方法之一就是情景分析，后面会详细介绍。大体来说是先测算公司在三种情况下（悲观情况、中性情况与乐观情况）的未来盈利情况，然后据此确定交易价格区间，最后在与 A 公司多轮博弈后最终敲定收购价格。

本书将分享笔者在投资银行就职期间学习的定量模拟入门技能，重点说明使用 Excel 进行计算的具体步骤。希望各位在工作实践中灵活运用。

▪ 商业定量模拟，Excel 就能搞定⊖

投资银行在计算大型并购的交易价格时，全部用 Excel 完成。

Excel 最大的优点是灵活便捷，从简单的加法计算到大批量数据的统计分析，各种功能一应俱全。另外，它能够形象地展示使用者的计算思路，就像在雪白的画布上作画一样，一目了然。

全球范围内，每年实施的收并购项目不计其数，背景和具体情况大相径庭，因此"需要详细模拟的数据"也存在差异。在满足灵活多变的定量模拟需求方面，最合适的计算软件非 Excel 莫属。

▪ 本书是拙作《为什么精英都是 Excel 控》的续篇

笔者在 2015 年 2 月出版的拙作《为什么精英都是 Excel 控》，主要介绍了投资银行使用 Excel 的思路和技巧。蒙读者厚爱，该书上市后曾一度在各大书店的综合销售排名中位居榜首，至今仍是很多商务人士的参考读物，甚至某些大型企业将其列入新员工入职必读书目。

在《为什么精英都是 Excel 控》中，笔者详细介绍了"方便阅读、准确无误、快速高效"的 Excel 使用技巧。

因此，本书不再赘述 Excel 的使用技巧，而是围绕"使用 Excel 高效处理数据"这一目标，介绍相关的必备技能。本书适合日常使用 Excel 办公的商务人士阅读，对需要用数据说明公司经营状况的管理层也大有裨益。

笔者希望通过本书使公司内部达成共识，即"擅长数据处理 = 擅长定量模拟"。

⊖ 由于 Excel 版本不同，读者在实际操作中所看到的界面可能会与本书中的图有细微差异。——编者注

目　录

前言

第 1 章　盈利预测模型（基础篇）
制作易于理解的设计图　　1

1　制作盈利预测模型设计图 =制作"鱼骨图"　　2
2　设计图完成后，用 Excel 制作盈利预测模型　　6
3　不要忘记检查盈利预测模型　　10
4　使用盈利预测模型进行经营模拟
　　销量和销售单价，哪个对利润影响更大　　13
5　想提升对经营数据的敏感度……"调试"盈利预测模型　　16
　　实践案例　大型物流企业利润提升讨论会　　18

第 2 章　盈利预测模型（应用篇）
轻松地制作分析资料　　19

1　制作可供团队使用的分析资料
　　瞬间找到"答案"的 Excel 技巧　　20
2　求解盈亏平衡点（单变量求解）
　　找到降价的下限　　21
3　**敏感性分析 1**　"模拟运算表"功能
　　一目了然地展示数据波动区间　　28

4	**敏感性分析 2**	"条件格式"	
		用颜色来判断数字的变化	36
	实践案例	大型并购交易中一定会使用敏感性分析	39
5	**敏感性分析 3**	"模拟运算表"使用注意事项	40
	实践案例	投资银行不喜欢使用模拟运算表吗	42
6	**情景分析 1**	一次性替换假设条件的超级方法	45
	实践案例	事业计划书大多较"乐观"	48
7	**情景分析 2**	CHOOSE 函数	49
	实践案例	情景分析有多种表述方式	64
8	**情景分析 3**	增加情景分析中的价值驱动因素	65
9	**情景分析 4**	分页表示	67
10	**情景分析 5**	情景对比	69
11	循环引用		
		盈利预测模型的矛盾与解决技巧	77

第 3 章　做盈利预测

以历史情况为依据，预测未来经营状况的技巧　　83

1	如何做盈利预测		84
2	**做盈利预测的步骤 1**	分解历史经营业绩	87
3	**做盈利预测的步骤 2**	检查数据关联性	89
4	**做盈利预测的步骤 3**	相关性分析	91
5	**做盈利预测的步骤 4**	用 Excel 进行相关性分析	94
6	**做盈利预测的步骤 5**	相关性分析注意事项	102
	实践案例	股价分析中经常使用散点图	104
7	**做盈利预测的步骤 6**	预测公司盈利情况	105

8	**做盈利预测的步骤 7** 对公司盈利进行预测：调查问卷法和类比法	108
	实践案例 定价方法	111
9	**做盈利预测的步骤 8** 对公司盈利进行预测：纵向对比法	112
10	制作图表时，强烈推荐使用"Alt"键	114
11	长在低处的水果容易采摘	118
12	曲棍球棒效应注意事项	120
13	如何将盈利"预测"提升为盈利"计划"	121
14	在经营战略分析中灵活使用情景分析	124
15	如何处理不可控因素	125
16	完成盈利预测	128
17	确认预测合理性	131
	实践案例 大型通信公司盈利模拟演练案例	133
18	认真写下做盈利预测的依据	134
19	自下而上法 vs. 自上而下法	135

第 4 章　汇报盈利预测结果　　137

1	完成盈利预测后，一定要用 PPT 展示出它的魅力	138
2	制作目录	
	在 PPT 的开头展示报告的整体框架	140
3	盈利构成、重要指标及情况说明	141
4	展示概要（销售收入、利润）	143
5	说明会员人数、广告宣传费	145
6	单个会员销售收入	147
7	销售成本	
	批量折扣是否有效果	149

8	固定成本	
	图表和信息的排列方式	151
9	前提条件	
	报告最后要说明的内容	153
10	补充资料	
	用 Excel 总结盈利预测的详细内容	155

第 5 章　制作市场营销利润模型　　　　　159

1	盈利预测的问题 = 不清楚市场投资的效果	160
	实践案例　亚马逊未来的销售收入和利润情况	163
2	市场营销利润的关注要点及计算方法	164
3	用户生命周期总价值	166
4	计算市场营销活动的效果时要考虑"销售成本"	174
5	公司不对外公布"用户生命周期总价值"的原因	177
6	使用 LTV 模型使市场营销利润最大化	179
7	LTV 模型能判断不同营销方式的效果	184
8	用 LTV 模型进一步完善盈利预测结果	187
9	使用 LTV 模型和盈利预测模型找到销售收入的饱和状态	198
10	提高用户生命周期总价值的各类方法	200

后记　　　　　201

第 1 章

盈利预测模型
（基础篇）

制作易于理解的设计图

1 制作盈利预测模型设计图 = 制作"鱼骨图"

我们先学习制作盈利预测模型,以汉堡店为例(见图 1-1)。

> (A) 销量: 每月销量1 000个+每月10%的增长率
> (B) 销售单价: 1 000日元
> (C) 材料成本: 300日元/个
> (D) 租赁费: 每月10万日元
> (E) 水电费: 0
>
> ➡ 打开Excel,却不知从何处下手
> ➡ 那就先制作盈利预测模型的设计图吧

图 1-1 本次案例:汉堡店

拿到图 1-1 中的数据,如果能立刻用 Excel 制作出盈利预测模型是最好不过的了,但苦于"无从下手"的人估计不在少数。

我建议,先制作盈利预测模型的设计图(见图 1-2)。这一步骤实际上是将销售收入、成本费用、利润进一步分解得到构成要素的过程。

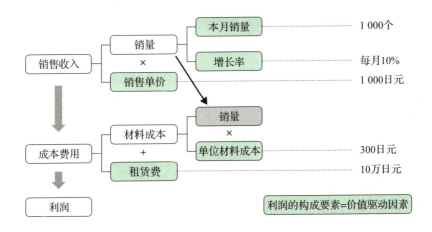

图 1-2 盈利预测模型的设计图（鱼骨图）

通过设计图，我们能发现销售收入归根结底要使用"销量"×"增长率"计算。这种设计图被称为"鱼骨图"。

制作完鱼骨图后，我们只需确定彩色框里的数字（如本月销量等），随后从右向左逐级计算，就能得到销售收入、成本费用和利润的计算结果。换言之，决定利润计算结果的是彩色框中的数字。本书称其为"价值驱动因素"。制作盈利预测模型的第一步，就是认真设计好"鱼骨图"，并找到价值驱动因素。

■ 制作盈利预测模型设计图的框架

制作盈利预测模型的设计图时，要注意以下两点。

首先，设计图不可过于复杂。一开始就制作过于详细的设计图，会大大增加后续的工作量，甚至会产生难以按时完成工作的风险，而且，过于庞大的计算量也会大幅增加出错概率。因此，最初我们只需设计一个"粗略"的框架，完成基础设计图后再进行深化。

其次，设计图中要体现数字间的关联性。具体内容在第 3 章详细介绍。简而言之，要想提高模拟的精确度，准确判断"数字间的关联性"极其重要。如果判断失误，盈利预测的准确性将大大降低。

判断时要记住，不要过度依赖财务术语中的"可变成本"与"固定成本"。比如，财务人员普遍认为租赁费属于固定成本，与销售收入无关，但现实中可能出现"销售收入增加→员工人数增加→租赁费增加"的情况，预测时应考虑销售收入与租赁费的关联性。因此，我们要尽量摒弃"租赁费是固定成本，与销售收入无关"这类惯性思维，要基于现实情况灵活判断。

■ 基于鱼骨图，系统性厘清利润结构

假如上司问你"对于提高公司利润有何建议"，你回答如下（见图 1-3）："公司应该增加 10 名销售人员！公司的营业收入能增长 7 500 万日元（=增加 15 份订单 × 单价 500 万日元）。"上司大概率会斥责你的提案毫无根据。

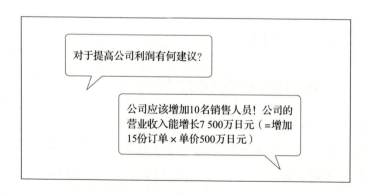

图 1-3　7 500 万日元是销售收入而非利润

上司的批评理所当然，因为并无明确证据表明增加 10 名销售人员能增加 15 份订单，确定 10 名销售人员能约谈的客户数量、实现的客户订货率，以及商品销售单价能否高于 500 万日元等，要考虑大量因素。另外，如果增加了销售人员，人力成本也相应提高了，办公场地租赁费也可能增加。

因此，我们需要厘清利润结构，明确增加 10 名销售人员分别引起的销售收入和成本费用变动情况，计算其对利润的影响。如图 1-4 所示，我们与上司逐个讨论并确定彩色框中的数据（价值驱动因素），能更精确地计算出利润变动结果。

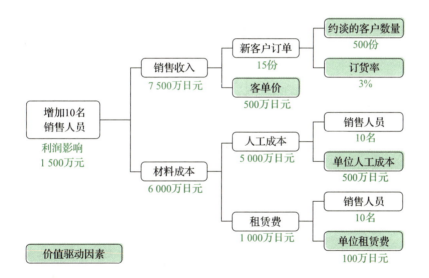

图 1-4　结构性拆解影响利润的因素

2 设计图完成后，用 Excel 制作盈利预测模型

完成模型设计图（见图 1-5）后，我们打开 Excel。首先在表格中填入各项目名称，如图 1-6 所示，销售收入与销量要错开一列，这种"将项目向右错开"的展示方式更便于理解计算流程。

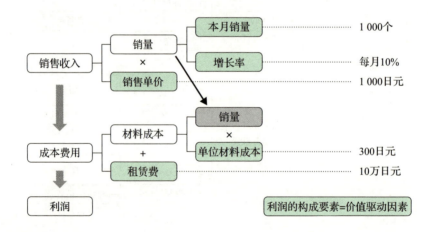

图 1-5　模型设计图（鱼骨图）

接下来，我们在盈利预测模型中输入数字（见图 1-7）。如前所述，计算流程是先输入价值驱动因素的数字（彩色数字），按照设计图从右往左逐级计算，最终得到销售收入、成本费用、利润的计算结果。另外，

没有数字的地方输入 N/A（Not Applicable）。

	A	B	C	D	E	F	G	H
1								
2		盈利预测						
3						本月	次月	第三个月
4		销售收入			日元			
5			销量		个			
6				增长率	%			
7			销售单价		日元			
8		成本费用			日元			
9			材料成本		日元			
10				单位材料成本	日元			
11			租赁费		日元			
12		利润			日元			

图 1-6 配合设计图，Excel 中的列也由左向右错开排列

	A	B	C	D	E	F	G	H
1								
2		盈利预测						
3						本月	次月	第三个月
4		销售收入			日元			
5			销量		个	1 000		
6				增长率	%	N/A	10%	10%
7			销售单价		日元	1 000	1 000	1 000
8		成本费用			日元			
9			材料成本		日元			
10				单位材料成本	日元	300	300	300
11			租赁费		日元	100 000	100 000	100 000
12		利润			日元			

图 1-7 先输入价值驱动因素的数字（彩色数字）

输入价值驱动因素的数字后，再填入其余内容，完成全部的计算公式。

比如，（增加的）销量由"本月销量 × 增长率"计算得出（见图1-8），次月销量用以下公式表示：

次月销量 = 本月销量1 000个 × （1+ 增长率10%）（见图1-9）。

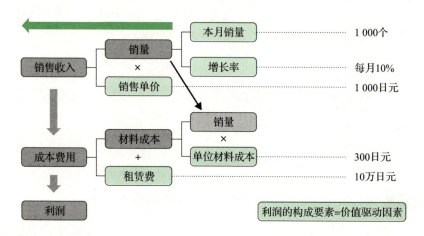

图1-8 从右向左依次进行计算（首先是销量）

	A	B	C	D	E	F	G	H
1								
2			盈利预测					
3						本月	次月	第三个月
4			销售收入		日元			
5			销量		个	1 000	=F5*(1+G6)	
6			增长率		%	N/A	10%	10%
7			销售单价		日元	1 000	1 000	1 000
8			成本费用		日元			
9			材料成本		日元			
10			单位材料成本		日元	300	300	300
11			租赁费		日元	100 000	100 000	100 000
12			利润		日元			

图1-9 从右向左依次进行计算（先计算销量）

其他项目依此类推，根据设计图列出计算公式如下。

（1）中间列：

材料成本 = 销量 × 单位材料成本

（2）最左列：

销售收入 = 销量 × 销售单价

成本费用 = 材料成本 + 租赁费

利润 = 销售收入 – 成本费用

在图 1-10 中，价值驱动因素标记为彩色，基于公式计算出的数字标记为黑色。因此，看到模型立刻能发现，“彩色的数字是价值驱动因素，是可变量”。今后进行模拟预测时，根据实际情况改变彩色数字就可以了。

	A	B	C	D	E	F	G	H
1								
2	盈利预测							
3						本月	次月	第三个月
4	**销售收入**				**日元**	**1 000 000**	**1 100 000**	**1 210 000**
5		销量			个	1 000	1 100	1 210
6			增长率		%	N/A	10%	10%
7		销售单价			日元	1 000	1 000	1 000
8	**成本费用**				**日元**	**400 000**	**430 000**	**463 000**
9		材料成本			日元	300 000	330 000	363 000
10			单位材料成本		日元	300	300	300
11		租赁费			日元	100 000	100 000	100 000
12	**利润**				**日元**	**600 000**	**670 000**	**747 000**

图 1-10 完成盈利预测模型

这些操作原则，我在拙作《为什么精英都是 Excel 控》中有详细介绍。

3 不要忘记检查盈利预测模型

模型完成后,我们要认真检查计算过程和结果。具体来说,有以下两个操作。

1."F2"键

如果我们想检查本月销售收入的计算公式,可以按下"F2"键(见图 1-11)。此时,该单元格显示计算公式(见图 1-11)。检查完毕后,按"Esc"键。

	A	B	C	D	E	F	G	H
1								
2		盈利预测						
3						本月	次月	第三个月
4		销售收入			日元	=F5*F7	1 100 000	1 210 000
5			销量		个	1 000	1 100	1 210
6			增长率		%	N/A	10%	10%
7			销售单价		日元	1 000	1 000	1 000
8		成本费用			日元	400 000	430 000	463 000
9			材料成本		日元	300 000	330 000	363 000
10			单位材料成本		日元	300	300	300
11			租赁费		日元	100 000	100 000	100 000
12		利润			日元	600 000	670 000	747 000

图 1-11 按"F2"键可检查计算公式

2. 追踪

比如，想了解次月销售收入是用哪些单元格计算得到的，可以使用"追踪"功能。选定要检查计算公式的数据所在的单元格，点击"公式"→"追踪引用单元格"，则会显示追踪箭头。图 1-12 中为追踪"次月销售收入（单元格 G4）"，箭头如图所示。由此可知，"次月销售收入"是用"销量（单元格 G5）"和"销售单价（单元格 G7）"计算得到的。另外，图 1-13 说明了哪些单元格在计算时使用了次月销量数据，点击"公式"→"追踪从属单元格"，即可。检查引用多个单元格的计算公式时，"追踪"功能非常方便。检查完毕，点击"公式"→"删除箭头"⊖，则可消除箭头。

	A	B	C	D	E	F	G	H
1								
2		盈利预测						
3						本月	次月	第三个月
4		销售收入			日元	1 000 000	1 100 000	1 210 000
5			销量		个	1 000	1 100	1 210
6			增长率		%	N/A	10%	10%
7			销售单价		日元	1 000	1 000	1 000
8		成本费用			日元	400 000	430 000	463 000
9			材料成本		日元	300 000	330 000	363 000
10			单位材料成本		日元	300	300	300
11			租赁费		日元	100 000	100 000	100 000
12		利润			日元	600 000	670 000	747 000

图 1-12 追踪引用单元格

⊖ 有的 Excel 中为"移去箭头"。——编者注

	A	B	C	D	E	F	G	H
1								
2		盈利预测						
3						本月	次月	第三个月
4		销售收入			日元	1 000 000	1 100 000	1 210 000
5			销量		个	1 000	1 100	1 210
6				增长率	%	N/A	10%	10%
7			销售单价		日元	1 000	1 000	1 000
8		成本费用			日元	400 000	430 000	463 000
9			材料成本		日元	300 000	330 000	363 000
10				单位材料成本	日元	300	300	300
11			租赁费		日元	100 000	100 000	100 000
12		利润			日元	600 000	670 000	747 000

图 1-13　追踪从属单元格

4 使用盈利预测模型进行经营模拟
销量和销售单价，哪个对利润影响更大

制作完模型，开始模拟实际经营情况。仍以汉堡店为例，思考以下问题（见图 1-14）。

（1）汉堡店
 A）你经营一家汉堡店
 B）汉堡店在当地很受欢迎，预测次月销量较本月会增长10%
 C）另外，你也可以考虑提高汉堡的销售单价
 D）如果汉堡涨价10%，次月销量预计与本月持平

（2）问题
 以下哪个选项能带来汉堡店利润的增长呢？
 A）销售单价保持不变，销量增长10%
 B）销售单价提高10%，销量维持不变

图 1-14　案例研究

对于图 1-14 中的问题，很多人认为，"既然利润取决于销售单价 × 销量，那么选项 A 和 B 的结果是相同的"。事实并非如此。

如图 1-15、图 1-16 所示，选项 A，当销量增长 10% 时，次月利润为 670 000 日元，而选项 B，当销售单价提高 10% 时，次月利润为 700 000 日元，因此，选项 B 的利润更大。

	A	B	C	D	E	F	G	H
1								
2		盈利预测						
3						本月	次月	第三个月
4		销售收入			日元	1 000 000	1 100 000	1 210 000
5			销量		个	1 000	1 100	1 210
6			增长率		%	N/A	10%	10%
7			销售单价		日元	1 000	1 000	1 000
8		成本费用			日元	400 000	430 000	463 000
9			材料成本		日元	300 000	330 000	363 000
10			单位材料成本		日元	300	300	300
11			租赁费		日元	100 000	100 000	100 000
12		利润			日元	600 000	670 000	747 000

图 1-15 A）当销量增长 10% 时，次月利润为 670 000 日元（单元格 G12）

	A	B	C	D	E	F	G	H
1								
2		盈利预测						
3						本月	次月	第三个月
4		销售收入			日元	1 000 000	1 100 000	1 100 000
5			销量		个	1 000	1 000	1 100
6			增长率		%	N/A	10%	10%
7			销售单价		日元	1 000	1 100	1 000
8		成本费用			日元	400 000	400 000	430 000
9			材料成本		日元	300 000	300 000	330 000
10			单位材料成本		日元	300	300	300
11			租赁费		日元	100 000	100 000	100 000
12		利润			日元	600 000	700 000	670 000

图 1-16 B）当销售单价提高 10% 时，次月利润为 700 000 日元（单元格 G12）

造成利润差异的主要原因是材料成本（图 1-15、图 1-16 的单元格 G9）。虽然选项 A 和 B 的销售收入相同（= 销售单价 × 销量），但是选项 A 的销量大，材料成本增加，利润减少。而选项 B 提高了销售单价，不改变材料成本，利润更高。

通过这个问题，我们得出结论："销量增长 10% 和销售单价提高 10%，相较而言，后者提升利润的效果更好。"通俗地说，商品并非卖得越多越好。这就是盈利模拟。

公司为了完成销售收入目标而降低销售单价，结果却减少了利润……现实中这种情况经常出现。希望公司的每一位员工，都能够以公司整体利润最大化为目标。

5 想提升对经营数据的敏感度……
"调试"盈利预测模型

制作完模型,很多人就认为大功告成了。这种想法是错误的。

与制作盈利预测模型同等重要,需要花费时间去做的另一件事是:"调试盈利预测模型"。

制作完盈利预测模型后,要尽可能地尝试变换各种数字,这一点相当重要。

请看图 1-17、图 1-18。图 1-17 是最糟糕的情形。公司销量减少 30%,销售单价下降,材料成本还上涨,利润大幅度降低。

	A B C	D	E	F	G	H
1						
2	盈利预测					
3				本月	次月	第三个月
4	**销售收入**		日元	1 000 000	490 000	343 000
5	销量		个	1 000	700	490
6	增长率		%	N/A	−30%	−30%
7	销售单价		日元	1 000	700	700
8	**成本费用**		日元	400 000	380 000	296 000
9	材料成本			300 000	280 000	196 000
10	单位材料成本		日元	300	400	400
11	租赁费		日元	100 000	100 000	100 000
12	利润		日元	600 000	110 000	47 000

图 1-17 最糟糕的情形:销量减少,销售单价下降,材料成本还上涨

相反，图 1-18 是最佳情形。公司销量增长，销售单价提升，材料成本得到控制，次月实现了 146 万日元的利润，情况非常乐观。

	A B C	D	E	F	G	H
1						
2	盈利预测					
3				本月	次月	第三个月
4	销售收入		日元	1 000 000	1 800 000	2 160 000
5	销量		个	1 000	1 200	1 440
6	增长率		%	N/A	20%	20%
7	销售单价		日元	1 000	1 500	1 500
8	成本费用		日元	400 000	340 000	388 000
9	材料成本		日元	300 000	240 000	288 000
10	单位材料成本		日元	300	200	200
11	租赁费		日元	100 000	100 000	100 000
12	利润		日元	600 000	1 460 000	1 772 000

图 1-18　最佳情况：销量增长，销售单价提升，材料成本得到控制

像这样，通过不断调整模型中的数字，我们能掌握各项数据的波动幅度。当牢牢掌握了利润的波动范围，我们就能做到以下两点。

（1）掌握公司的经营风险。

（2）了解对利润影响较大的价值驱动因素。

第二点更重要。盈利预测模型越复杂，越难以判断哪个价值驱动因素对利润的影响更大。如果出现误判，则会舍本逐末，事倍功半。而通过不断"调试"模型，我们能清楚地知道哪些价值驱动因素对利润的影响大，之后只需与团队成员深入探讨这些重要的价值驱动因素即可。

因此，我们不仅要制作盈利预测模型，更要不断"调试"，这也是行之有效的脑力训练方式。

> **实践案例**
>
> ### 大型物流企业利润提升讨论会
>
> 某大型物流企业召开学习讨论会，主题是"思考利润提升举措，模拟分析影响利润的因素"。与会者分为 6 个小组，有人提议开展新业务，也有人提议全公司推行成本削减方案。各小组利用 Excel 测算了各方案对利润的影响情况，并汇报了本组的结果。会场气氛非常热烈。
>
> 其中有趣的发现是，不同措施对利润的影响差异显著。开展新业务带来的利润增长最多不过 5 亿日元，而全公司成本削减方案却能创造 10 亿日元利润。
>
> 究其原因，这家企业销售收入约为 2 万亿日元，人力成本约为 1.2 万亿日元。因此，人力成本稍有削减，都会对利润结果影响重大。与开展新业务相比，削减成本的方案可行性更高。通过召开讨论会，组织员工深入研究财务数据，公司能发现对利润影响最大的价值驱动因素（本次为人力成本）。

第 2 章
盈利预测模型
（应用篇）
轻松地制作分析资料

1 制作可供团队使用的分析资料
瞬间找到"答案"的 Excel 技巧

接下来是盈利预测模型"应用篇"。在第 1 章结尾,我们提到要充分地"调试盈利预测模型",但这还远远不够。比如团队使用模型预测销售收入,在讨论"当销量增长 10% 后利润是多少""材料成本降低多少时利润实现盈亏平衡"等问题时,若逐个测算价值驱动因素,会耗费大量时间。这不算是有效率的讨论。

在应用篇中,我们在介绍 Excel 使用方法的同时,也将说明制作可供团队讨论的分析材料的方法。应用篇围绕以下三个方面展开(见图 2-1)。

(1)求解盈亏平衡点("单变量求解"功能)。
(2)敏感性分析("模拟运算表"功能)。
(3)情景分析(CHOOSE 函数)。

逐个数据调试,消耗大量时间
　A)无法快速推进讨论
　B)使用Excel的相关功能,形成便于阅读、快速讨论的分析材料

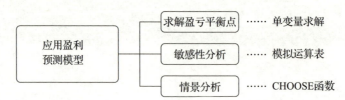

图 2-1 应用盈利预测模型

2 求解盈亏平衡点（单变量求解）
找到降价的下限

本节讲解"求解盈亏平衡点"（见图2-2）。

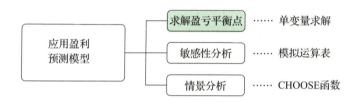

图 2-2　应用盈利预测模型（求解盈亏平衡点）

上司向你咨询："目前公司的产品销售单价为1 000日元，但竞争对手不断采取降价策略，我司不得不同样采取降价策略。该产品有多少调价空间，即当销售单价下降到什么程度时，利润会变成零？"

通常利润变成零时的销售单价/产量为"盈亏平衡点"。

即使有盈利预测模型，我们也很难快速计算出结果。

本次我们使用如图2-3所示的盈利预测模型进行说明（相较第1章中的盈利预测模型，本次改动了少量数据）。

	A	B	C	D	E	F	G	H
1								
2		盈利预测						
3						本月	次月	第三个月
4		销售收入			日元	1 000 000	1 050 000	1 102 500
5			销量		个	1 000	1 050	1 103
6			增长率		%	N/A	5%	5%
7			销售单价		日元	1 000	1 000	1 000
8		成本费用			日元	700 000	725 000	751 250
9			材料成本		日元	500 000	525 000	551 250
10			单位材料成本		日元	500	500	500
11			租赁费		日元	200 000	200 000	200 000
12		利润			日元	300 000	325 000	351 250

图 2-3　本次的盈利预测模型

当产品次月销售单价（单元格 G7）从 1 000 日元下调为 800 日元时，次月利润（单元格 G12）变为 115 000 日元（见图 2-4）。

	A	B	C	D	E	F	G	H
1								
2		盈利预测						
3						本月	次月	第三个月
4		销售收入			日元	1 000 000	840 000	1 102 500
5			销量		个	1 000	1 050	1 103
6			增长率		%	N/A	5%	5%
7			销售单价		日元	1 000	800	1 000
8		成本费用			日元	700 000	725 000	751 250
9			材料成本		日元	500 000	525 000	551 250
10			单位材料成本		日元	500	500	500
11			租赁费		日元	200 000	200 000	200 000
12		利润			日元	300 000	115 000	351 250

图 2-4　次月销售单价从 1 000 元下调为 800 日元

若想得到"利润 =0"的结果，看来仍需进一步下调销售单价。我们大胆假设销售单价为 500 日元，次月利润变为巨额亏损，为 –200 000 日元（见图 2-5）。

	A	B	C	D	E	F	G	H
1								
2		盈利预测						
3						本月	次月	第三个月
4		**销售收入**			日元	1 000 000	525 000	1 102 500
5			销量		个	1 000	1 050	1 103
6			增长率		%	N/A	5%	5%
7			销售单价		日元	1 000	500	1 000
8		**成本费用**			日元	700 000	725 000	751 250
9			材料成本			500 000	525 000	551 250
10			单位材料成本			500	500	500
11			租赁费		日元	200 000	200 000	200 000
12		**利润**			日元	300 000	–200 000	351 250

图 2-5　当次月销售单价继续下调至 500 日元时

若凭感觉调整价格，很难得到"利润 =0"的结果。目前问题是"通过调整价值驱动因素能改变利润，却难以得到目标利润"。

求解盈亏平衡点要使用 Excel 的"单变量求解"功能，即"倒算"，在既定目标利润下求解出对应的销售单价，非常方便。

单击 Excel 中的"数据"→"模拟分析"→"单变量求解"，弹出"单变量求解"对话框（见图 2-6）。

使用"单变量求解"时，要输入以下三个参数（见图 2-7）。

（1）目标单元格：次月利润所在的单元格（单元格 G12）。

（2）目标值：本次目标"利润 =0"，在"目标值"中输入"0"。

（3）可变单元格："次月销售单价"所在的单元格（单元格 G7）。

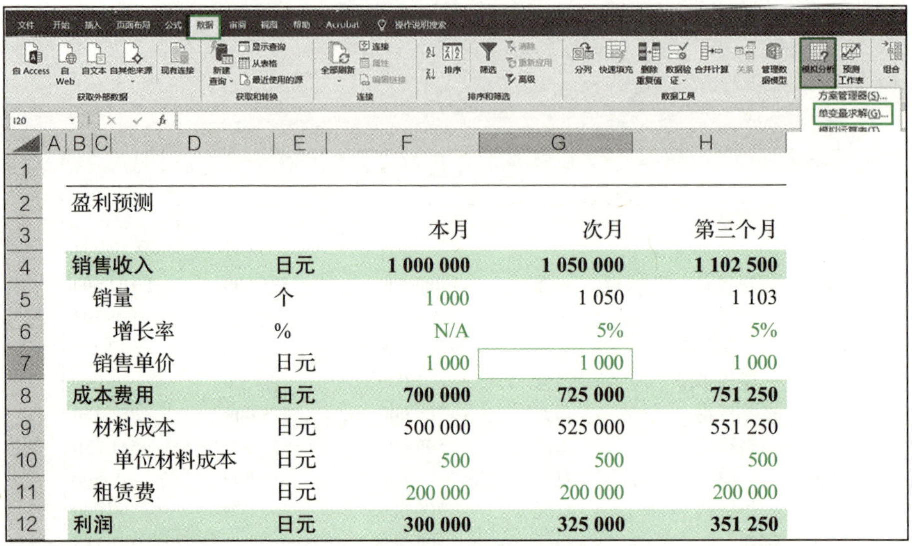

图2-6 "数据"→"模拟分析"→"单变量求解"

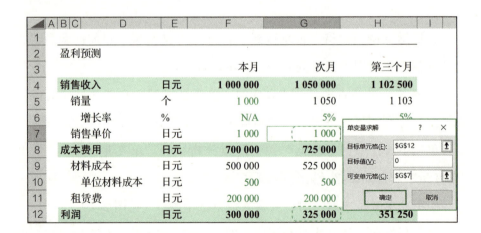

图2-7 输入"目标单元格""目标值"及"可变单元格"后点击"确定"按钮

最后点击"确定",如图2-8所示,次月销售单价单元格中显示"690"

日元，即次月销售单价等于 690 日元时，次月利润等于零。

	A	B	C	D	E	F	G	H	I	J
1										
2		盈利预测								
3						本月	次月	第三个月		
4		销售收入			日元	1 000 000	725 000	1 102 500		
5		销量			个	1 000	1 050	1 103		
6		增长率			%	N/A	5%			
7		销售单价			日元	1 000	690			
8		成本费用			日元	700 000	725 000			
9		材料成本			日元	500 000	525 000			
10		单位材料成本			日元	500	500			
11		租赁费			日元	200 000	200 000			
12		利润			日元	300 000	0	351 250		

图 2-8　利润 =0 时，次月销售单价 =690 日元

若手动调整次月销售单价，很难得到"690"日元这个结果。但使用"单变量求解"，就能快速找到盈亏平衡点。

"单变量求解"功能不仅能用于找到盈亏平衡点，当目标利润发生了调整，也能使用它求解。当上司看到这个模型（见图 2-9）时问你，"若希望公司的次月利润从 325 000 日元提高到 400 000 日元，单位材料成本需要降低多少"，此时你就能使用"单变量求解"计算出结果。

在"单变量求解"对话框中输入以下三个参数（见图 2-10）。

（1）目标单元格：次月利润（单元格 G12）。

（2）目标值：400 000。

（3）可变单元格：单位材料成本（单元格 G10）。

结果显示，单位材料成本从 500 日元减少至 429 日元，可实现 400 000 日元的利润目标（见图 2-11）。

	A	B	C	D	E	F	G	H
1								
2		盈利预测						
3						本月	次月	第三个月
4		销售收入			日元	1 000 000	1 050 000	1 102 500
5			销量		个	1 000	1 050	1 103
6			增长率		%	N/A	5%	5%
7			销售单价		日元	1 000	1 000	1 000
8		成本费用			日元	700 000	725 000	751 250
9			材料成本		日元	500 000	525 000	551 250
10			单位材料成本			500	500	500
11			租赁费		日元	200 000	200 000	200 000
12		利润			日元	300 000	325 000	351 250

图 2-9 将次月利润（单元格 G12）从 325 000 日元提高到 400 000 日元

	A	B	C	D	E	F	G	H	I	J
1										
2		盈利预测								
3						本月	次月	第三个月		
4		销售收入			日元	1 000 000	1 050 000	1 102 500		
5			销量		个	1 000	1 050	1 103		
6			增长率		%	N/A	5%			
7			销售单价		日元	1 000	1 000			
8		成本费用			日元	700 000	725 000			
9			材料成本		日元	500 000	525 000			
10			单位材料成本		日元	500	500			
11			租赁费		日元	200 000	200 000			
12		利润			日元	300 000	325 000	351 250		

单变量求解
目标单元格(E): $G$12
目标值(V): 400000
可变单元格(C): $G$10
确定　取消

图 2-10 将利润（单元格 G12）目标值设定为 400 000 日元

在制作事业计划书时，经常出现"目前销售收入略低于预期，能否通过增加销量实现销售收入的提升"等需要调整价值驱动因素的情况。此时，"单变量求解"就可以发挥作用了。

在使用"单变量求解"时，要注意可变单元格（此处指次月单位材料成本）中一定要输入"数值"。如果该单元格引用了其他单元格或通过公式计算得出，则会在点击"确定"后出现错误提示"单元格必须包含数值"（见图 2-12）。

图 2-11 单位材料成本变为 429 日元

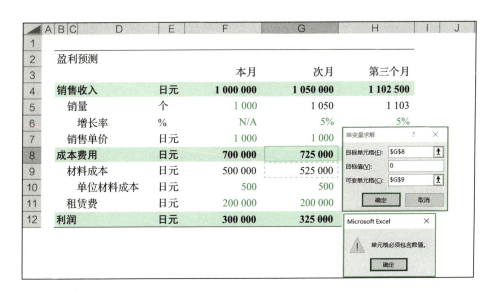

图 2-12 当可变单元格通过公式（此处为单元格 G9）计算得出时，Excel 会报错

3 敏感性分析 1 "模拟运算表"功能
一目了然地展示数据波动区间

接下来介绍敏感性分析（见图 2-13）。

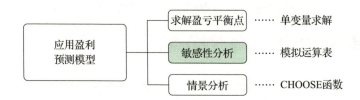

图 2-13 应用盈利预测模型（敏感性分析）

这次，董事长来提问。

"本次盈利预测中，我比较在意的是，若销售单价从 1 000 日元下降到 950 日元，销量增长率从 10% 提升到 15%，这种情况下利润会增加还是减少？"

盈利预测模型能快速计算出结果。若改变原盈利预测模型（见图 2-14）的销售单价和销量增长率，我们发现利润相较原测算减少了（见图 2-15）。

	A	B	C	D	E	F	G	H
1								
2		盈利预测						
3						本月	次月	第三个月
4		销售收入			日元	1 000 000	1 100 000	1 210 000
5			销量		个	1 000	1 100	1 210
6			增长率		%	N/A	10%	10%
7			销售单价		日元	1 000	1 000	1 000
8		成本费用			日元	400 000	430 000	463 000
9			材料成本		日元	300 000	330 000	363 000
10			单位材料成本		日元	300	300	300
11			租赁费		日元	100 000	100 000	100 000
12		利润			日元	600 000	670 000	747 000

图 2-14　原盈利预测模型（使用"单变量求解"后，数据改变了）

	A	B	C	D	E	F	G	H
1								
2		盈利预测						
3						本月	次月	第三个月
4		销售收入			日元	1 000 000	1 092 500	1 256 375
5			销量		个	1 000	1 150	1 323
6			增长率		%	N/A	15%	15%
7			销售单价		日元	1 000	950	950
8		成本费用			日元	400 000	445 000	496 750
9			材料成本		日元	300 000	345 000	396 750
10			单位材料成本		日元	300	300	300
11			租赁费		日元	100 000	100 000	100 000
12		利润			日元	600 000	647 500	759 625

图 2-15　根据董事长的问题修正了盈利预测模型

你拿到结果后兴奋地告知董事长："按照您说的情况，公司利润减少了。"之后，董事长继续提问。

"原来利润会减少啊。那如果销量增长率由15%继续上升到20%，利润情况如何？稍等一下，对我们公司来说，20%的销量增长率难度有些大，但销售单价维持1 000日元不变，销量增长率保持15%还是可行的吧？总之，你帮我把相关情况下的利润结果都计算一下吧。"

此刻你的内心一定会发出"董事长真是很麻烦啊"的呐喊。

我很理解你，但我也很理解董事长提出的要求。销售单价上涨会带来销量下降，这两个价值驱动因素同时变化时，我们需要模拟求解出利润最大化的情况。

当需要模拟多个价值驱动因素同时变化的场景时，若逐个调整模型中的数据，讨论将难以顺利进行。

此时我们介绍另一种模拟方法，即"敏感性分析"。如图2-16所示，将两个价值驱动因素按横轴和纵轴排列后得到利润的测算结果。

	I	J	K	L	M	N	O
13							
14		次月营业利润模拟测算					
15		日元					
16					销量增长率		
17				0%	5%	10%	15%
18		销售单价	900	500 000	530 000	560 000	590 000
19			950	550 000	582 500	615 000	647 500
20			1 000	600 000	635 000	670 000	705 000
21			1 050	650 000	687 500	725 000	762 500
22			1 100	700 000	740 000	780 000	820 000

图2-16 敏感性分析

看到图2-16，董事长会发现，"当销量增长率从10%上升到15%，销售单价从1 000日元下降到950日元，利润会从67万日元减少到64.75万日元。由此可见，销售单价对利润的影响更为关键"。

当了解了"敏感性分析"的功能后，我们使用 Excel 来计算结果。接下来使用"模拟运算表"。

本次敏感性分析如下所示。

（1）纵轴表示销售单价，横轴表示销量增长率。

（2）模拟预测次月营业利润情况。

首先，纵轴单元格中输入销售单价，横轴单元格中输入销量增长率。原始数据设置为彩色（见图 2-17）。

	I	J	K	L	M	N	O
13							
14		次月营业利润模拟测算					
15		日元					
16					销量增长率		
17				0%	5%	10%	15%
18		销售单价	900				
19			950				
20			1 000				
21			1 050				
22			1 100				

图 2-17　纵轴表示销售单价，横轴表示销量增长率

接下来，在敏感性分析表的左上区域（单元格 K17）（见图 2-18）引用次月利润（单元格 G12）（见图 2-19）。这是"模拟运算表"的使用规则，即敏感性分析表的左上单元格要引用我们想要模拟求解（次月利润）的单元格。

	I	J	K	L	M	N	O
13							
14		次月营业利润模拟测算					
15		日元					
16					销量增长率		
17			=G12	0%	5%	10%	15%
18		销售单价	900				
19			950				
20			1 000				
21			1 050				
22			1 100				

图 2-18　选中敏感性分析表中的左上单元格 K17

	A	B	C	D	E	F	G	H
1								
2		盈利预测						
3						本月	次月	第三个月
4		销售收入			日元	1 000 000	1 100 000	1 210 000
5		销量			个	1 000	1 100	1 210
6		增长率			%	N/A	10%	10%
7		销售单价			日元	1 000	1 000	1 000
8		成本费用			日元	400 000	430 000	463 000
9		材料成本			日元	300 000	330 000	363 000
10		单位材料成本			日元	300	300	300
11		租赁费			日元	100 000	100 000	100 000
12		利润			日元	600 000	670 000	747 000

图 2-19　引用次月利润单元格

随后，选中表中数据并点击"数据"→"模拟分析"→"模拟运算表"（见图 2-20）。

在"模拟运算表"的对话框（见图 2-21）中输入下列参数（见图 2-22、图 2-23）。

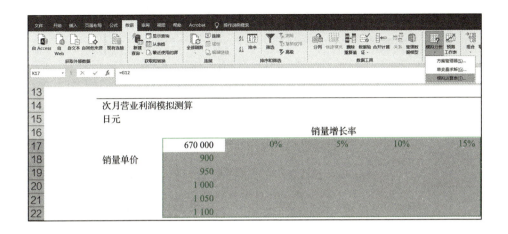

图 2-20 选中表中数据后选择"模拟运算表"

图 2-21 "模拟运算表"对话框

（1）输入引用行的单元格：行即"横向排列"，本次模拟运算表中输入销量增长率，引用的是次月销量增长率（单元格 G6）。

（2）输入引用列的单元格：列即"纵向排列"，本次模拟运算表中输入销售单价，引用的是次月销售单价（单元格 G7）。

点击"确定"后表格中的单元格就全部填满了（见图 2-23）！这样就大功告成了。

	A	B	C	D	E	F	G	H
1								
2		盈利预测						
3						本月	次月	第三个月
4		销售收入			日元	1 000 000	1 100 000	1 210 000
5			销量		个	1 000	1 100	1 210
6			增长率		%	N/A	10%	10%
7			销售单价		日元	1 000	1 000	1 000
8		成本费用			日元	400 000	430 000	463 000
9			材料成本		日元			363 000
10			单位材料成本		日元			300
11			租赁费		日元			100 000
12		利润			日元			747 000

模拟运算表
输入引用行的单元格(R)：$G$6
输入引用列的单元格(C)：$G$7
确定 取消

图 2-22 输入引用行的单元格 = 次月销量增长率，输入引用列的单元格 = 次月销售单价

	I	J	K	L	M	N	O
13							
14		次月营业利润模拟测算					
15		日元					
16					销量增长率		
17			670 000	0%	5%	10%	15%
18		销售单价	900	500 000	530 000	560 000	590 000
19			950	550 000	582 500	615 000	647 500
20			1 000	600 000	635 000	670 000	705 000
21			1 050	650 000	687 500	725 000	762 500
22			1 100	700 000	740 000	780 000	820 000

图 2-23 敏感性分析大功告成

最后，我们删除表格左上角的数据 670 000。但若直接删除，计算结果就会消失，我们可以将数据设置为白色（隐去数据）（见图 2-24）。

我再介绍一种让数据"消失不见"的技巧。

选中单元格后点击鼠标右键→"设置单元格格式"→"自定义"，在

"类型"栏中输入";;;"(三个分号),单元格里的数据就消失了。

	I	J	K	L	M	N	O
13							
14		次月营业利润模拟测算					
15		日元					
16					销量增长率		
17				0%	5%	10%	15%
18		销售单价	900	500 000	530 000	560 000	590 000
19			950	550 000	582 500	615 000	647 500
20			1 000	600 000	635 000	670 000	705 000
21			1 050	650 000	687 500	725 000	762 500
22			1 100	700 000	740 000	780 000	820 000

图 2-24　隐去左上角单元格 K17 中的数据

4 敏感性分析 2 “条件格式”

用颜色来判断数字的变化

我们继续探讨敏感性分析。要想让满屏大批量的数据实现可视化，我们可以改变单元格的颜色。如图 2-25 所示，大于 70 万日元的单元格涂成彩色，小于 60 万日元的单元格涂成灰色。此处假设目标利润为 70 万日元，以下三种方案中，公司实现 B 方案的可能性更高。

A 方案：当销售单价 =1 000 日元，销量增长率至少要达到 15%。

B 方案：当销售单价 =1 050 日元，销量增长率至少要达到 10%。

C 方案：当销售单价 =1 100 日元，销量增长率至少要达到 5%。

	I	J	K	L	M	N	O
13							
14		次月营业利润模拟测算					
15		日元					
16					销量增长率		
17				0%	5%	10%	15%
18		销售单价	900	500 000	530 000	560 000	590 000
19			950	550 000	582 500	615 000	647 500
20			1 000	600 000	635 000	670 000	705 000
21			1 050	650 000	687 500	725 000	762 500
22			1 100	700 000	740 000	780 000	820 000

图 2-25 用“颜色”判断数字的变化

使用"条件格式"功能，可以借助颜色区分数据，而非用肉眼逐一判断。接下来介绍"条件格式"的使用方法。

选中数据所在单元格，点击"开始"→"条件格式"→"突出显示单元格规则"→"大于"（见图 2-26）。

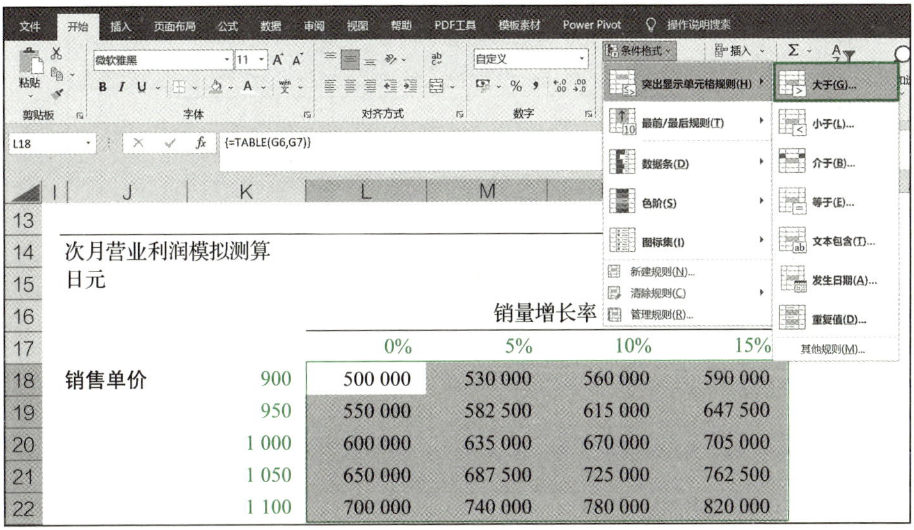

图 2-26 条件格式

在对话框中输入"700 000"，同时选择想要改变的"格式"，符合条件的单元格背景颜色会发生改变。"格式"栏中选择"自定义格式"，在"填充"栏中选择一种颜色（见图 2-27、图 2-28）。

同前操作，我们将小于 60 万日元的单元格背景设置为灰色。选中数据所在单元格，点击"开始"→"条件格式"→"突出显示单元格规则"→"小于"，将小于 60 万日元的单元格背景设置为灰色（见图 2-28）。

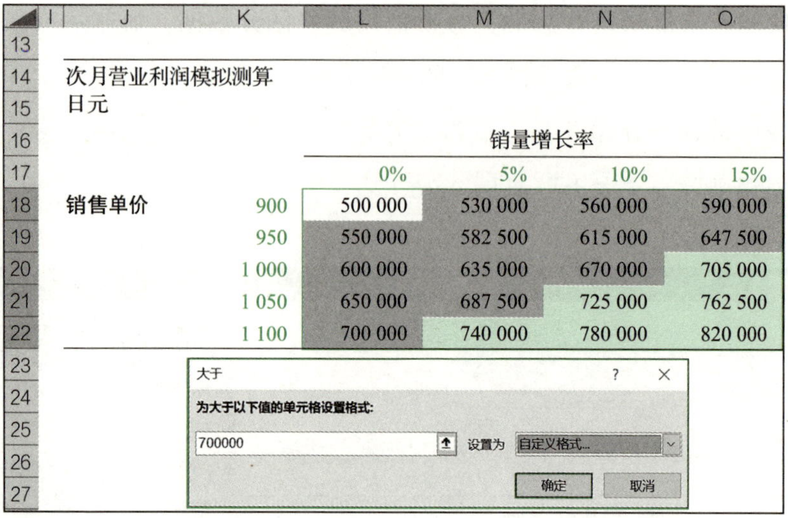

次月营业利润模拟测算(日元)

销售单价	销量增长率			
	0%	5%	10%	15%
900	500 000	530 000	560 000	590 000
950	550 000	582 500	615 000	647 500
1 000	600 000	635 000	670 000	705 000
1 050	650 000	687 500	725 000	762 500
1 100	700 000	740 000	780 000	820 000

大于

为大于以下值的单元格设置格式：

700000 　　设置为 自定义格式...

确定　取消

图 2-27 大于 700 000 的单元格背景设置为彩色

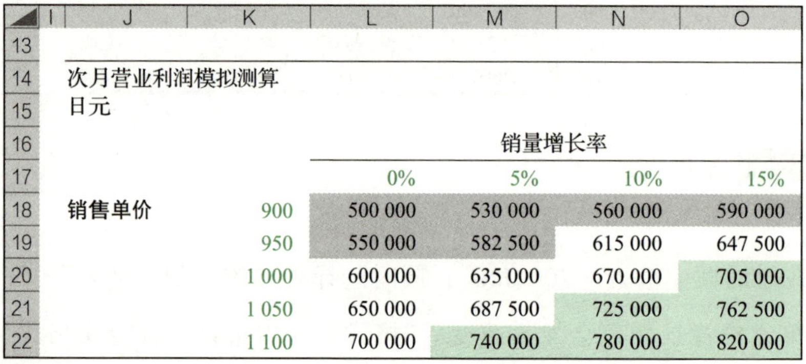

次月营业利润模拟测算(日元)

销售单价	销量增长率			
	0%	5%	10%	15%
900	500 000	530 000	560 000	590 000
950	550 000	582 500	615 000	647 500
1 000	600 000	635 000	670 000	705 000
1 050	650 000	687 500	725 000	762 500
1 100	700 000	740 000	780 000	820 000

图 2-28 小于 600 000 的单元格背景设置为灰色

实践案例 大型并购交易中一定会使用敏感性分析

千亿日元的并购交易档案显示,提交给客户(此处指收购方)的收购方案(收购价格等)中有敏感性分析的相关资料。

方案中不会出现"XYZ公司的建议收购价格为5 000亿日元"这类精确数字,而是会采用"建议收购价格为4 500亿~5 200亿日元"的方式。当然,收购价格随市场行情会发生变化。

投行在大多数情况下使用加权平均资本成本(WACC)和永续增长率(DCF方法)来说明收购价格范围,图2-29所示的内容一般会附在收购方案的最后。

	A	B	C	D	E	F
1						
2		XYZ公司的收购价格				
3		百万日元				
4					永续增长率	
5				1%	2%	3%
6		WACC	3%	4 750	5 250	5 750
7			4%	4 500	5 000	5 500
8			5%	4 250	4 750	5 250

图 2-29 使用 WACC 和永续增长率说明收购价格范围

5 敏感性分析3 "模拟运算表"使用注意事项

使用 Excel 进行敏感性分析（模拟运算表）时，需注意以下三点。

（1）基础数据底表和模拟运算表，需在同一个 sheet 中。

使用敏感性分析（模拟运算表）时，基础数据非常关键（本次举例的是图 2-30 左上角的盈利预测模型）。基础数据与敏感性分析必须在同一个 sheet 中，否则将无法计算。

	A	B	C	D	E	F	G	H	I	J	K	L	M	N	O
1															
2		盈利预测													
3						本月		次月		第三个月					
4		销售收入			日元	1 000 000		1 100 000		1 210 000					
5			销量		个	1 000		1 100		1 210					
6			增长率		%	N/A		10%		10%					
7			销售单价		日元	1 000		1 000		1 000					
8		成本费用			日元	400 000		430 000		463 000					
9			材料成本		日元	300 000		330 000		363 000					
10			单位材料成本		日元	300		300		300					
11			租赁费		日元	100 000		100 000		100 000					
12		利润			日元	600 000		670 000		747 000					
13															
14									次月营业利润模拟测算						
15									日元						
16												销量增长率			
17											0%	5%	10%		15%
18									销售单价	900	500 000	530 000	560 000		590 000
19										950	550 000	582 500	615 000		647 500
20										1 000	600 000	635 000	670 000		705 000
21										1 050	650 000	687 500	725 000		762 500
22										1 100	700 000	740 000	780 000		820 000

图 2-30　两张表需在同一个 sheet 中

（2）如不留神按了"F2"键，显示出单元格里的公式（见图2-31），想要恢复原样，可按"Esc"。

	I	J	K	L	M	N	O
13							
14	次月营业利润模拟测算						
15	日元						
16					销量增长率		
17				0%	5%	10%	15%
18	销售单价		900	500 000	530 000	560 000	590 000
19			950	=TABLE(G6, G7)		615 000	647 500
20			1 000	600 000	635 000	670 000	705 000
21			1 050	650 000	687 500	725 000	762 500
22			1 100	700 000	740 000	780 000	820 000

图 2-31 按"F2"键后……

单元格里显示"=TABLE（G6,G7）"，我们没法检查公式的正确性，这也是使用模拟运算表的风险。

若此刻我们想要放弃检查，进行后续操作，按"Enter"键屏幕上会出现报错信息"该函数无效"（见图2-32）。不管按几次"Enter"键，操作界面都不会改变。请大家务必记住，需要回到原操作界面，要按"Esc"键。

图 2-32 按"Enter"键屏幕出现报错信息

> **实践案例**
>
> ### 投资银行不喜欢使用模拟运算表吗
>
> 模拟运算表存在一个问题,即无法通过检查公式判断计算的正确性。我在投资银行工作期间,参加各类培训时,经常听到如下对话:"我们公司不允许使用模拟运算表""我不使用模拟运算表,直接在单元格里逐个输入计算公式"。
>
> 金融可以说是数据专业性很强的行业,我们必须确保每一次计算都不存在错误。使用模拟运算表确实能让工作变得轻松(见图 2-33),但如果对自己的计算结果没有足够的信心,就不要使用了。这是必备的心态。
>
>
>
> 图 2-33 计算时若不使用模拟运算表,公式会非常复杂

（3）当模拟运算表的计算量非常大时，切换为手动计算。

使用模拟运算表时，我们会发现包含模拟运算表的文件会占用较大内存，特别是在运行多个模拟运算表时，甚至会出现 Excel 强制退出的情况。

如果你感觉到"有模拟运算表的文件好大啊"，请将模拟运算表切换为"手动计算"模式。具体来说，点击 Excel 左上角的"文件"→"选项"，打开"Excel 选项"（见图 2-34）。点击左侧"公式"，在"工作簿计算"下选择"除模拟运算表外，自动重算"选项。

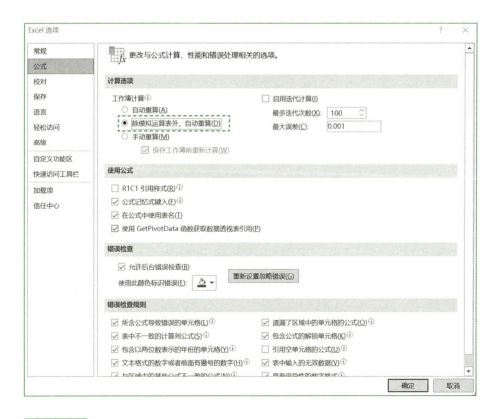

图 2-34 "工作簿计算"下的"除模拟运算表外，自动重算"

这样，模拟运算表就不会自动计算了，运行 Excel 就快多了。

后续当你希望启用模拟运算表的自动计算功能时，按"F9"即可。

企业或部门在进行复杂的财务分析时，经常会选择"除模拟运算表外，自动重算"这个选项。

[6] 情景分析 1　一次性替换假设条件的超级方法

应用篇的最后介绍情景分析（见图 2-35）。这是市场负责人和制作事业计划书时必备的一项技能。

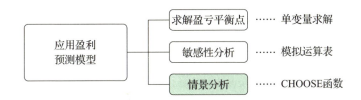

图 2-35　应用盈利预测模型（情景分析）

先介绍情景分析。在制作事业计划书的过程中，考虑广告投放策略时，我们会假设多种市场情景，即乐观情况、中性情况和悲观情况。当然，还有其他多种表述方式，如乐观情况被称为"积极情况""激进情况""正面情况"等。

并购交易中经常使用情景分析。比如当收购 XYZ 公司的交易价格为

1 000 亿日元时，投资银行会对该交易价格的合理性进行如下说明。

（1）预测 XYZ 公司的销售收入情况（一般情况下分为 3 种类型）。

（2）基于最坏情况下（悲观情况）的盈利预测结果，XYZ 公司估值 1 000 亿日元。

（3）因此，若以 1 000 亿日元收购 XYZ 公司，"该收购价格合理，未来能给公司带来收益"。

另外，情景分析不但在并购时使用，在做盈利预测时也经常使用。

中性情况即现实目标，是结合企业历史成长情况确定的"大概率能实现的增长目标"。上市公司公布的业绩预测报告大多使用该数据。

乐观情况下设定的目标更为积极，经常作为公司的内部管理目标使用。若公司年度内实现此目标，员工将获得丰厚奖金。另外，新业务的未来增长情况难以预测，做盈利预测时往往考虑更为乐观的增长。

悲观情况即极端保守的目标，公司内部称为"经营底线"。这是财务负责人做"保守"估算时使用的数值，即未来公司面临销售收入大幅下降时，保障公司日常经营（如按时支付工资等）所需要的最低增长，换言之，公司要持有的最低货币资金数量。

新业务事业计划书、公司盈利预测的实现度具有极高不确定性。通过分析在乐观情况和悲观情况下的公司经营表现，找到未来的"经营波动区间"（见图 2-36、图 2-37），就能做到"抱最好的希望，做最坏的打算"。

（1）新业务事业计划书的不确定性较高
（2）预测公司盈利情况时，最关键的是模拟"经营波动区间"

	悲观情况	中性情况	乐观情况
销售单价	800日元	1 000日元	1 200日元
单位材料成本	300日元	500日元	200日元
员工人数	3人	1人	0人
利润	?	?	?

图 2-36　什么是情景分析

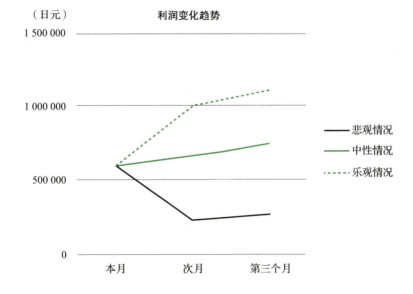

图 2-37　模拟公司盈利情况，进行一系列情景分析

> **实践案例**
>
> ### 事业计划书大多较"乐观"
>
> 我曾举办过一场面向创业者的事业计划书制作研讨会，会上，我询问从事创投业务的与会者"创业企业的事业计划目标，实现的概率有多大"，他们明确表示"几乎没有实现的可能性"。也就是说，创业企业的事业计划目标大多难以实现。
>
> 当然，创业者对自己的事业充满梦想和信心，将此态度反映在事业计划书上，自然呈现的是一份相当积极的计划书。况且，新业务未来能发展到什么程度也是未知数。
>
> 某些公司制定了积极的销售收入目标，也为此投入了诸如人员扩招、租借办公场地、广告宣传的成本，但最终效果不尽如人意，甚至破产的情况也比比皆是。
>
> 制作新业务事业计划书时，越是面临不确定的竞争环境，越要在悲观情况下做好成本管理和资金筹措工作，避免因资金不足影响目标达成。

7 情景分析 2 CHOOSE 函数

接下来，以图 2-38 中的盈利预测模型为起点，我们做 3 种情景分析：悲观情况、中性情况和乐观情况。

		本月	次月	第三个月
盈利预测				
销售收入	日元	1 000 000	1 100 000	1 210 000
销量	个	1 000	1 100	1 210
增长率	%	N/A	10%	10%
销售单价	日元	1 000	1 000	1 000
成本费用	日元	400 000	430 000	463 000
材料成本	日元	300 000	330 000	363 000
单位材料成本	日元	300	300	300
租赁费	日元	100 000	100 000	100 000
利润	日元	600 000	670 000	747 000

图 2-38　以盈利预测模型为起点，做 3 种情景分析

大多数人最先想到的办法一定是将此表复制 3 份，依次修改价值驱动因素的数字，制作出 3 种情景下的盈利预测模型（见图 2-39）。但是，绝对禁止这样做。

	A	B	C	D	E	F	G	H
1								
2		盈利预测						
3		悲观情况						
4						本月	次月	第三个月
5		销售收入			日元	1 000 000	770 000	847 000
6			销量		个	1 000	1 100	1 210
7			增长率		%	N/A	10%	10%
8			销售单价		日元	1 000	700	700
9		成本费用			日元	400 000	650 000	705 000
10			材料成本			300 000	550 000	605 000
11			单位材料成本			300	500	500
12			租赁费			100 000	100 000	100 000
13		利润			日元	600 000	120 000	142 000
14								
15		盈利预测						
16		中性情况						
17						本月	次月	第三个月
18		销售收入			日元	1 000 000	1 100 000	1 210 000
19			销量		个	1 000	1 100	1 210
20			增长率		%	N/A	10%	10%
21			销售单价		日元	1 000	1 000	1 000
22		成本费用			日元	400 000	430 000	463 000
23			材料成本			300 000	330 000	363 000
24			单位材料成本			300	300	300
25			租赁费			100 000	100 000	100 000
26		利润			日元	600 000	670 000	747 000
27								
28		盈利预测						
29		乐观情况						
30						本月	次月	第三个月
31		销售收入			日元	1 000 000	1 320 000	1 452 000
32			销量		个	1 000	1 100	1 210
33			增长率		%	N/A	10%	10%
34			销售单价		日元	1 000	1 200	1 200
35		成本费用			日元	400 000	650 000	705 000
36			材料成本			300 000	550 000	605 000
37			单位材料成本			300	500	500
38			租赁费			100 000	100 000	100 000
39		利润			日元	600 000	670 000	747 000

图 2-39　禁止将表格复制 3 份

为什么呢？假设复制了3份表格后发现某个公式错了，自然需要修正，但此时需要修改的错误也变成了3个，遗漏修改的风险大大增加了。

也就是说，如果把表格复制3份，公式数量就会增加2倍，发生计算错误的概率也会显著增加。那如何用一张表完成3种情景假设呢？接下来详细说明。

如前所述，盈利预测模型计算的起点是价值驱动因素（彩色数字）和公式计算出的数据（黑色数字）。在不同情景分析下，价值驱动因素的数值是不同的。

因此，找到不同情景分析下的通用公式，通过切换索引值就能调整对应的价值驱动因素数值（前提条件），最终可以实现在不复制公式的情况下完成3种情景分析（见图2-40）。

A）找到通用的计算公式
B）只改变价值驱动因素（前提条件）
C）在1～3的索引值中切换

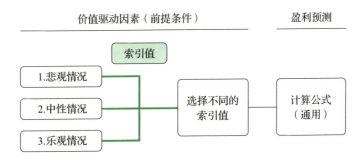

图2-40 制作3种情景分析下的盈利预测模型

说了这么多，你可能依然有"不懂什么意思"的困惑。我继续介绍计算方法。

这次,分3种情况分析价值驱动因素之一:"销售单价"(见图2-41)。

(1)单元格A1中输入"1"。这是索引值。

(2)第6~8行分别输入价值驱动因素(前提条件)之一的"销售单价"在悲观情况、中性情况和乐观情况下的数据。

(3)第9行显示索引值"1"对应的"悲观情况"下的销售单价。

(4)第18行盈利预测的销售单价引用第9行中悲观情况下销售单价的数值。

	A	B	C	D	E	F	G	H
1	1	悲观情况						
2								
3		价值驱动因素(前提条件)						
4						本月	次月	第三个月
5		销售单价						
6			悲观情况		日元	1 000	800	800
7			中性情况		日元	1 000	1 000	1 000
8			乐观情况		日元	1 000	1 200	1 200
9			悲观情况		日元	1 000	800	800
10								
11								
12		盈利预测						
13		悲观情况						
14						本月	次月	第三个月
15		销售收入			日元	1000 000	880 000	968 000
16			销量		个	1 000	1 100	1 210
17			增长率		%	N/A	10%	10%
18			销售单价		日元	1 000	800	800
19		成本费用			日元	400 000	430 000	463 000
20			材料成本		日元	300 000	330 000	363 000
21			单位材料成本		日元	300	300	300
22			租赁费		日元	100 000	100 000	100 000
23		利润			日元	600 000	450 000	505 000

图 2-41 索引值(单元格A1)=1时,销售单价为"悲观情况"下的数值

接下来，索引值切换为"2"。第 9 行的销售单价就变成了"中性情况"下的数值。与此同时，第 18 行盈利预测的销售单价也随之调整（见图 2-42）。

	A	B	C	D	E	F	G	H
1	2			中性情况				
2								
3				价值驱动因素（前提条件）				
4						本月	次月	第三个月
5				销售单价				
6				悲观情况	日元	1 000	800	800
7				中性情况	日元	1 000	1 000	1 000
8				乐观情况	日元	1 000	1 200	1 200
9				中性情况	日元	1 000	1 000	1 000
10								
11								
12				盈利预测				
13				中性情况				
14						本月	次月	第三个月
15				销售收入	日元	1 000 000	1 100 000	1 210 000
16				销量	个	1 000	1 100	1 210
17				增长率	%	N/A	10%	10%
18				销售单价	日元	1 000	1 000	1 000
19				成本费用	日元	400 000	430 000	463 000
20				材料成本		300 000	330 000	363 000
21				单位材料成本	日元	300	300	300
22				租赁费	日元	100 000	100 000	100 000
23				利润	日元	600 000	670 000	747 000

图 2-42　索引值（单元格 A1）=2 时，销售单价为"中性情况"下的数值

随后，将索引值切换为"3"，第 9 行就变成了乐观情况下的销售单价，第 18 行也随之调整（见图 2-43）。

	A	B	C	D	E	F	G	H
1	3	乐观情况						
2								
3		价值驱动因素（前提条件）						
4						本月	次月	第三个月
5		销售单价						
6			悲观情况		日元	1 000	800	800
7			中性情况		日元	1 000	1 000	1 000
8			乐观情况		日元	1 000	1 200	1 200
9			乐观情况		日元	1 000	1 200	1 200
10								
11								
12		盈利预测						
13		乐观情况						
14						本月	次月	第三个月
15		销售收入			日元	1 000 000	1 320 000	1 452 000
16			销量		个	1 000	1 100	1 210
17			增长率		%	N/A	10%	10%
18			销售单价		日元	1 000	1 200	1 200
19		成本费用			日元	400 000	430 000	463 000
20			材料成本		日元	300 000	330 000	363 000
21			单位材料成本		日元	300	300	300
22			租赁费		日元	100 000	100 000	100 000
23		利润			日元	600 000	890 000	989 000

图 2-43　索引值（单元格 A1）=3 时，销售单价为"乐观情况"下的数值

接下来，分步骤说明"情景分析"。

图 2-44 中已输入了每种情况下的销售单价（第 6 行至第 8 行），但索引值（单元格 A1）和第 9 行的销售单价是空的。

步骤1：输入索引值

首先，完成索引值的设置（见图 2-45）。在图 2-46 中的单元格 A1 输入"1"，即索引值。

	A	B	C	D	E	F	G	H
1								
2								
3		价值驱动因素（前提条件）						
4						本月	次月	第三个月
5		销售单价						
6		悲观情况			日元	1 000	800	800
7		中性情况			日元	1 000	1 000	1 000
8		乐观情况			日元	1 000	1 200	1 200
9								
10								
11								
12		盈利预测						
13								
14						本月	次月	第三个月
15		销售收入			日元	1 000 000	1 100 000	1 210 000
16		销量			个	1 000	1 100	1 210
17		增长率			%	N/A	10%	10%
18		销售单价			日元	1 000	1 000	1 000
19		成本费用			日元	400 000	430 000	463 000
20		材料成本			日元	300 000	330 000	363 000
21		单位材料成本			日元	300	300	300
22		租赁费			日元	100 000	100 000	100 000
23		利润			日元	600 000	670 000	747 000

图 2-44　输入索引值（单元格 A1）和销售单价（第 9 行）的数字，开始计算

将 A1 作为索引值有以下两点理由。

（1）将索引值放在工作表最显眼的单元格 A1（左上角）中，能立刻知道目前所分析的情景。

（2）按"Ctrl"+"Home"键，可快速选定单元格 A1。在进行模拟测算时需经常切换索引值，这样操作更便捷。

A）找到通用的计算公式
B）只改变价值驱动因素（前提条件）
C）在1～3的索引值中切换

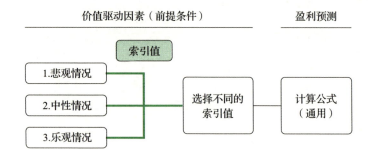

图 2-45　情景分析（设置索引值）

图 2-46　设置索引值＝在单元格 A1 中输入"1"

▸ 步骤 2：计算出所选索引值对应的情景分析结果

其次，创建显示所选索引值的公式（见图 2-47）。

在单元格 C9 中输入公式"=CHOOSE（A1,C6,C7,C8）"（见图 2-48），这是本书中唯一的函数。该函数可解释为 =CHOOSE（索引值，悲观情况，中性情况，乐观情况）。

A）找到通用的计算公式
B）只改变价值驱动因素（前提条件）
C）在1～3的索引值中切换

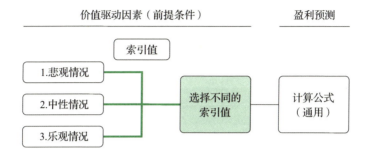

图 2-47　情景分析（选择不同的索引值）

图 2-48　CHOOSE（索引值，悲观情况，中性情况，乐观情况）

CHOOSE 函数代表的含义：=CHOOSE（索引值，值1，值2，…）。

首先，索引值必须是数字。当索引值为"1"，显示"值1"；当索引值为"2"，显示"值2"。单元格 C9 的 CHOOSE 函数意味着：

（1）图 2-49：索引值为"1"时→显示单元格 C6 的"悲观情况"。

（2）图 2-50：索引值为"2"时→显示单元格 C7 的"中性情况"。

（3）图 2-51：索引值为"3"时→显示单元格 C8 的"乐观情况"。

	A	B	C	D	E	F	G	H
1	1							
2								
3		价值驱动因素（前提条件）						
4						本月	次月	第三个月
5		销售单价						
6			悲观情况		日元	1 000	800	800
7			中性情况		日元	1 000	1 000	1 000
8			乐观情况		日元	1 000	1 200	1 200
9			悲观情况					

图 2-49 索引值（单元格 A1）="1"时，显示悲观情况

	A	B	C	D	E	F	G	H
1	2							
2								
3		价值驱动因素（前提条件）						
4						本月	次月	第三个月
5		销售单价						
6			悲观情况		日元	1 000	800	800
7			中性情况		日元	1 000	1 000	1 000
8			乐观情况		日元	1 000	1 200	1 200
9			中性情况					

图 2-50 索引值（单元格 A1）="2"时，显示中性情况

	A	B	C	D	E	F	G	H
1	3							
2								
3		价值驱动因素（前提条件）						
4						本月	次月	第三个月
5		销售单价						
6			悲观情况		日元	1 000	800	800
7			中性情况		日元	1 000	1 000	1 000
8			乐观情况		日元	1 000	1 200	1 200
9			乐观情况					

图 2-51 索引值（单元格 A1）="3"时，显示乐观情况

随后，将 CHOOSE 函数复制到"本月～第三个月"的单元格（F9～H9）中（见图 2-52）。

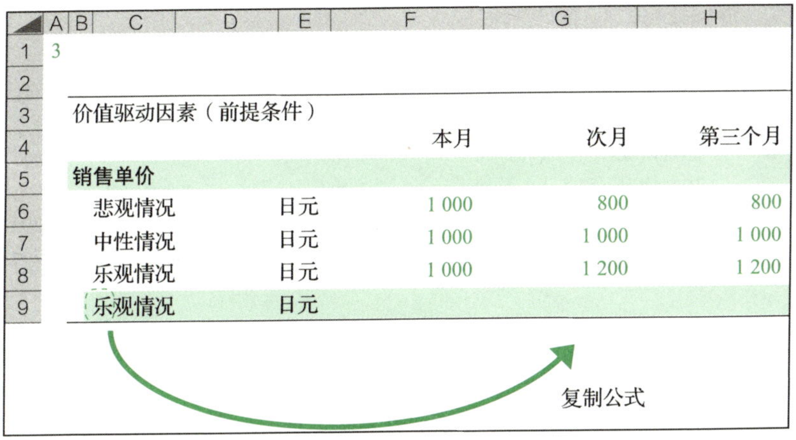

	A	B	C	D	E	F	G	H
1	3							
2								
3		价值驱动因素（前提条件）						
4						本月	次月	第三个月
5		销售单价						
6			悲观情况		日元	1 000	800	800
7			中性情况		日元	1 000	1 000	1 000
8			乐观情况		日元	1 000	1 200	1 200
9			乐观情况		日元			

复制公式

图 2-52　复制 CHOOSE 函数的公式

复制之前，将公式中的索引值调整为"绝对引用"。

修正前：=CHOOSE(A1,C6,C7,C8)。

修正后：=CHOOSE($A$1,C6,C7,C8)。

修正后，单元格 A1 用"$"标记，表示"绝对引用"（见图 2-53），即复制带有"$"的行和列至表格中的任何区域，都不会改变引用的索引值（A1）。

在使用绝对引用时，可以选中该单元格并按"F4"键，当然，手动输入"$"也可以。

步骤 3：将索引值对应的情况反映在盈利预测模型中

最后，将索引值对应情况下的价值驱动因素反映到盈利预测模型中

（见图 2-54）。

	A	B	C	D	E	F	G	H
1	3							
2								
3		价值驱动因素（前提条件）						
4						本月	次月	第三个月
5		销售单价						
6		悲观情况			日元	1 000	800	800
7		中性情况			日元	1 000	1 000	1 000
8		乐观情况			日元	1 000	1 200	1 200
9		乐观情况			日元	1 000	1 200	1 200

图 2-53　绝对引用单元格 A1，即使复制公式到表格中的任何区域也不会改变引用的值

A）找到通用的计算公式
B）只改变价值驱动因素（前提条件）
C）在 1～3 的索引值中切换

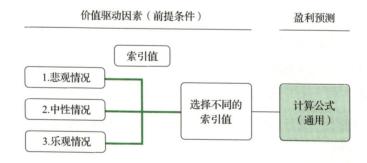

图 2-54　情景分析（设置计算公式）

如图 2-55 所示，盈利预测模型中的销售单价（第 18 行）引用选定情况下的销售单价（第 9 行）。

这样，公式就设置好了。在切换索引值（单元格 A1）时，盈利预测模型中的销售单价也会随之改变。

	A	B	C	D	E	F	G	H
1	3							
2								
3		价值驱动因素（前提条件）						
4						本月	次月	第三个月
5		销售单价						
6			悲观情况		日元	1 000	800	800
7			中性情况		日元	1 000	1 000	1 000
8			乐观情况		日元	1 000	1 200	1 200
9			乐观情况		日元	1 000	1 200	1 200
10								
11								
12		盈利预测						
13								
14						本月	次月	第三个月
15		销售收入			日元	0	0	0
16			销量		个	1 000	1 100	1 210
17			增长率		%	N/A	10%	10%
18			销售单价		日元	=F9		
19		成本费用			日元	400 000	430 000	463 000
20			材料成本		日元	300 000	330 000	363 000
21			单位材料成本		日元	300	300	300
22			租赁费		日元	100 000	100 000	100 000
23		利润			日元	-400 000	-430 000	-463 000

图 2-55　索引值选定情况下的销售单价（单元格 F9）同步显示在盈利预测模型中

随后，如图 2-56 所示，索引值的右侧（单元格 B1）和盈利预测模型的标题区域（单元格 B13），引用选定的情景名称（单元格 C9）。如此，只要看一眼盈利预测模型（见图 2-57），就能立刻知悉正在分析的情景了。

	A	B	C	D	E	F	G	H
1	3=C9							
2								
3		价值驱动因素（前提条件）						
4						本月	次月	第三个月
5		销售单价						
6			悲观情况		日元	1 000	800	800
7			中性情况		日元	1 000	1 000	1 000
8			乐观情况		日元	1 000	1 200	1 200
9			乐观情况		日元	1 000	1 200	1 200
10								
11								
12		盈利预测						
13		=C9						
14						本月	次月	第三个月
15		销售收入			日元	1 000 000	1 320 000	1 452 000
16			销量		个	1 000	1 100	1 210
17			增长率		%	N/A	10%	10%
18			销售单价		日元	1 000	1 200	1 200
19		成本费用			日元	400 000	430 000	463 000
20			材料成本		日元	300 000	330 000	363 000
21			单位材料成本		日元	300	300	300
22			租赁费		日元	100 000	100 000	100 000
23		利润			日元	600 000	890 000	989 000

图 2-56　引用索引值所对应的情景名称

	A	B	C	D	E	F	G	H
1	3	乐观情况						
2								
3		价值驱动因素（前提条件）						
4						本月	次月	第三个月
5		销售单价						
6			悲观情况		日元	1 000	800	800
7			中性情况		日元	1 000	1 000	1 000
8			乐观情况		日元	1 000	1 200	1 200
9		乐观情况			日元	1 000	1 200	1 200
10								
11								
12		盈利预测						
13		乐观情况						
14						本月	次月	第三个月
15		销售收入			日元	1 000 000	1 320 000	1 452 000
16			销量		个	1 000	1 100	1 210
17			增长率		%	N/A	10%	10%
18			销售单价		日元	1 000	1 200	1 200
19		成本费用			日元	400 000	430 000	463 000
20			材料成本		日元	300 000	330 000	363 000
21			单位材料成本		日元	300	300	300
22			租赁费		日元	100 000	100 000	100 000
23		利润			日元	600 000	890 000	989 000

图 2-57　一眼就能知悉正在分析的情景

情景分析说明完毕，本节的重点是通过切换索引值改变价值驱动因素，随之将结果反映在盈利预测模型中，这样做大大降低了计算错误的发生概率。

> **实践案例**
>
> ### 情景分析有多种表述方式
>
> 本书介绍的情景分析分为"乐观情况、中性情况、悲观情况",但现实中有多种表述方式。公司内部最常使用的是"正面、稳定、负面",其中"正面"适用于销售收入和利润都向好的情况。
>
> 此外,创业公司较多使用"积极情况、基准情况、保守情况"。这是为什么呢?
>
> 相较短期利益,创业公司更重视长期成长。因此,若认为"这件事情可以做",公司将大规模进行设备投资和营销推广活动,短期经常出现亏损(为了弥补亏损,创业公司需从风险投资等外部机构筹措资金)。
>
> 换句话说,创业公司在积极情况下利润为负(亏损),相反,在保守情况下利润为正(盈利)。
>
> 此时用"正面"来表述,人们就会产生疑问,"咦,明明是正面情况,为什么利润是负数",所以称为"积极情况"更合适。

8 情景分析 3　增加情景分析中的价值驱动因素

前述案例已经对三种情景下的"销售单价"进行了分析,接下来将说明增加更多价值驱动因素的情况。

这次,除销售单价外,单位材料成本也分情景进行分析。如图 2-58 所示,先将单位材料成本按三种情况(第 11～13 行)列示。之后,将第 9 行中的 CHOOSE 函数公式直接复制到第 14 行。

	A	B	C	D	E	F	G	H
1	3	乐观情况						
2								
3		价值驱动因素(前提条件)						
4						本月	次月	第三个月
5		销售单价						
6		悲观情况		日元		1 000	800	800
7		中性情况		日元		1 000	1 000	1 000
8		乐观情况		日元		1 000	1 200	1 200
9		乐观情况		日元		1 000	1 200	1 200
10		单位材料成本						
11		悲观情况		日元		300	500	500
12		中性情况		日元		300	300	300
13		乐观情况		日元		300	200	200
14		乐观情况		日元		300	200	200

图 2-58　将第 9 行中的 CHOOSE 函数公式复制到第 14 行

同前所述，选中单位材料成本（第26行）所在单元格，引用所选情景下的单位材料成本（第14行）即可（见图2-59）。

	A B C	D	E	F	G	H
9		乐观情况	日元	1 000	1 200	1 200
10		单位材料成本				
11		悲观情况	日元	300	500	500
12		中性情况	日元	300	300	300
13		乐观情况	日元	300	200	200
14		乐观情况	日元	300	200	200
15						
16						
17		盈利预测				
18		乐观情况				
19				本月	次月	第三个月
20		销售收入	日元	1 000 000	1 320 000	1 452 000
21		销量	个	1 000	1 100	1 210
22		增长率	%	N/A	10%	10%
23		销售单价	日元	1 000	1 200	1 200
24		成本费用	日元	100 000	100 000	100 000
25		材料成本	日元	0	0	0
26		单位材料成本	日元	=F14		
27		租赁费	日元	100 000	100 000	100 000
28		利润	日元	900 000	1 220 000	1 352 000

图 2-59　将所选索引值下的"单位材料成本"引用到盈利预测模型中

9 情景分析 4　分页表示

按照前述方法，我们能对不同情景下的多个价值驱动因素进行分析。

像图 2-60 中这样增加情景分析中的价值驱动因素，表格会显得冗长。如果不习惯使用竖长表格，可将表格分成两部分（见图 2-60）：①价值驱动因素（前提条件）工作表；②盈利预测模型工作表。

	A	B	C	D	E	F	G	H
1		3	乐观情况					
2								
3			价值驱动因素（前提条件）			本月	次月	第三个月
4								
5			销售单价					
6			悲观情况		日元	1 000	800	800
7			中性情况		日元	1 000	1 000	1 000
8			乐观情况		日元	1 000	1 200	1 200
9			乐观情况		日元	1 000	1 200	1 200
10			单位材料成本					
11			悲观情况		日元	300	500	500
12			中性情况		日元	300	300	300
13			乐观情况		日元	300	200	200
14			乐观情况		日元	300	200	200
15								

①

图 2-60　多情景分析中价值驱动因素变得很多，把它们放到其他工作表

			本月	次月	第三个月	
16						
17	盈利预测					
18	乐观情况					
19			本月	次月	第三个月	
20	**销售收入**	日元	**1 000 000**	**1 320 000**	**1 452 000**	
21	销量	个	1 000	1 100	1 210	
22	增长率	%	N/A	10%	10%	②
23	销售单价	日元	1 000	1 200	1 200	
24	**成本费用**	日元	**400 000**	**320 000**	**342 000**	
25	材料成本	日元	300 000	220 000	242 000	
26	单位材料成本	日元	300	200	200	
27	租赁费	日元	100 000	100 000	100 000	
28	**利润**	日元	**600 000**	**1 000 000**	**1 110 000**	

图 2-60（续）

10 情景分析 5　情景对比

终于到了情景分析的最后一部分。情景分析的目的是"将所有情景分析的计算公式通用化，避免计算错误"，但这也存在问题。切换索引值时能查看每个情景下的结果，但不能同时看到多个情景下的结果，也就无法进行对比。

想要比较各情景下的结果（见图 2-61），要怎么做呢？我继续说明。

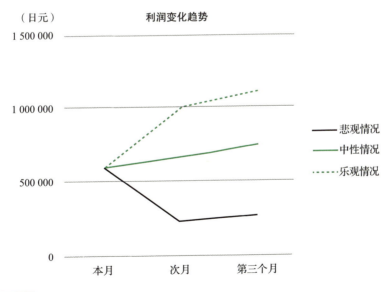

图 2-61　如何像这样对比所有情况

先在盈利预测模型下新建一个"输出"表（见图 2-62、图 2-64 第 31～35 行）。

A）制作数据输出表
B）复制（粘贴数值）各情况下的数值
C）将所有情况汇总成图表

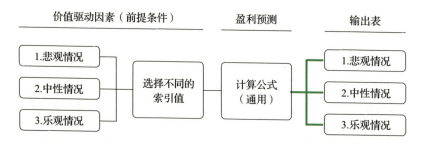

图 2-62　为比较各情景下的结果，制作输出表

我们先做悲观情况的输出表（见图 2-63）。

A）制作数据输出表
B）复制（粘贴数值）各情况下的数值
C）将所有情况汇总成图表

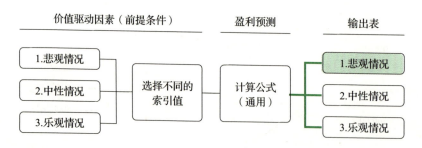

图 2-63　先从悲观情况开始

接着，按照以下步骤，将悲观情况下的利润复制到输出表中。

（1）索引值（单元格 A1）设置为 1，选择悲观情况。

（2）复制悲观情况下的利润（第 28 行）。

（3）将数值粘贴到下方输出表中的"悲观情况"行（第 33 行）。

	A	B	C	D	E	F	G	H
16								
17		盈利预测						
18		悲观情况						
19					本月	次月	第三个月	
20		销售收入		日元	1 000 000	880 000	968 000	
21			销量	个	1 000	1 100	1 210	
22			增长率	%	N/A	10%	10%	
23			销售单价	日元	1 000	800	800	
24		成本费用		日元	400 000	650 000	705 000	
25			材料成本		300 000	550 000	605 000	
26			单位材料成本	日元	300	500	500	
27			租赁费		100 000	100 000	100 000	
28		利润		日元	600 000	230 000	263 000	
29								
30								
31		输出表（利润）						
32					本月	次月	第三个月	
33		悲观情况		日元				
34		中性情况		日元				
35		乐观情况		日元				

复制

图 2-64　将悲观情况下的利润复制到输出表中

这里提示一下粘贴的方法。将第 28 行利润"数值"粘贴到输出表的第 33 行，此时粘贴的不是公式。复制第 28 行，选中第 33 行单元格，单击右键，选择"选择性粘贴"（见图 2-65），再选择"数值"（见图 2-66）即可。另外，如果想粘贴值和数字格式（单元格格式），选择"值和数字格式"即可。

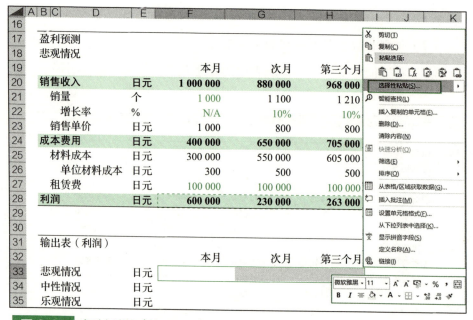

图 2-65　复制利润（第 28 行），选中第 33 行，单击右键，选择"选择性粘贴"

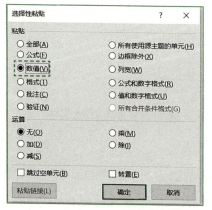

图 2-66　只粘贴"数值"

当选择"数值"时，只粘贴数字（值），不粘贴公式。将数字设置为彩色（见图 2-67）。

	A	B	C	D	E	F	G	H
16								
17		盈利预测						
18		悲观情况						
19						本月	次月	第三个月
20		销售收入			日元	1 000 000	880 000	968 000
21			销量		个	1 000	1 100	1 210
22			增长率		%	N/A	10%	10%
23			销售单价		日元	1 000	800	800
24		成本费用			日元	400 000	650 000	705 000
25			材料成本			300 000	550 000	605 000
26			单位材料成本		日元	300	500	500
27			租赁费			100 000	100 000	100 000
28		利润			日元	600 000	230 000	263 000
29								
30								
31		输出表（利润）						
32						本月	次月	第三个月
33		悲观情况			日元	600 000	230 000	263 000
34		中性情况			日元			
35		乐观情况			日元			

图 2-67 悲观情况下的数字粘贴完毕

接下来是中性情况。当索引值切换为"2"，盈利预测模型即切换为中性情况。复制中性情况下的利润，和前述方式一样，采取粘贴"数值"的方式将利润复制到输出表（见图 2-68、图 2-69）。

A）制作数据输出表
B）**复制（粘贴数值）各情况下的数值**
C）将所有情况汇总成图表

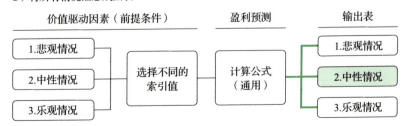

图 2-68 制作中性情况下的输出表

	A	B	C	D	E	F	G	H
16								
17			盈利预测					
18			中性情况					
19						本月	次月	第三个月
20			销售收入		日元	1 000 000	1 100 000	1 210 000
21			销量		个	1 000	1 100	1 210
22			增长率		%	N/A	10%	10%
23			销售单价		日元	1 000	1 000	1 000
24			成本费用		日元	400 000	430 000	463 000
25			材料成本		日元	300 000	330 000	363 000
26			单位材料成本		日元	300	300	300
27			租赁费		日元	100 000	100 000	100 000
28			利润		日元	600 000	670 000	747 000
29								
30								
31			输出表（利润）					
32						本月	次月	第三个月
33			悲观情况		日元	600 000	230 000	263 000
34			中性情况		日元	600 000	670 000	747 000
35			乐观情况		日元			

复制

图 2-69 将索引值切换为"2"= 中性情况，复制利润结果

乐观情况同样如此。将索引值切换为"3"，将此情况下的利润复制到输出表（见图 2-70、图 2-71）。

A）制作数据输出表
B）复制（粘贴数值）各情况下的数值
C）将所有情况汇总成图表

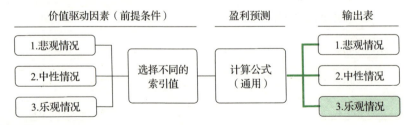

图 2-70 制作乐观情况下的输出表

盈利预测
乐观情况

		本月	次月	第三个月
销售收入	日元	1 000 000	1 320 000	1 452 000
销量	个	1 000	1 100	1 210
增长率	%	N/A	10%	10%
销售单价	日元	1 000	1 200	1 200
成本费用	日元	400 000	320 000	342 000
材料成本		300 000	220 000	242 000
单位材料成本		300	200	200
租赁费	日元	100 000	100 000	100 000
利润	日元	600 000	1 000 000	1 110 000

输出表（利润）

		本月	次月	第三个月
悲观情况	日元	600 000	230 000	263 000
中性情况	日元	600 000	670 000	747 000
乐观情况	日元	600 000	1 000 000	1 110 000

复制

图 2-71 将索引值切换为"3"＝乐观情况，复制利润结果

最后，输出表中的所有利润结果通过一张折线图展示（见图 2-72）。

A）制作数据输出表
B）复制（粘贴数值）各情况下的数值
C）将所有情况汇总成图表

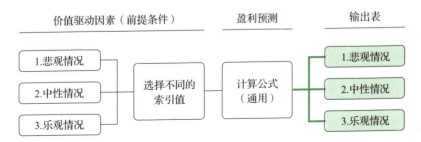

图 2-72 用折线图总结

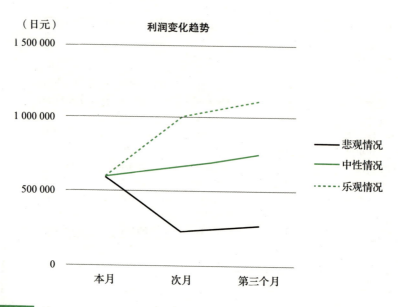

图 2-72（续）

11 循环引用
盈利预测模型的矛盾与解决技巧

至此已介绍了求解盈亏平衡点、敏感性分析、情景分析,最后再说明"循环引用"。盈利预测模型也会遇到循环引用的问题。

例如,年末将至,你大致能预测今年的利润情况(见图2-73),董事长对你说:"今年还剩下最后2个月,为了让员工们再接再厉,我决定将今年利润的10%作为奖金发放给员工。"

	A	B	C	D	E	F
1						
2		奖金预测				
3					本年度	
4		销售收入		千日元	500 000	
5		销售单价		日元	1 000	
6		销量		千个	500	
7		成本费用		千日元	300 000	
8		材料成本		千日元	100 000	
9		工资薪酬		千日元	200 000	
10		利润		千日元	200 000	

图 2-73　在此利润预测上加上奖金计算

在成本费用项目下增加"奖金"这一行，按照"利润×10%"计算金额（见图 2-74）。

	A	B	C	D	E	F
1						
2		奖金预测				
3					本年度	
4		销售收入		千日元	500 000	
5		销售单价		日元	1 000	
6		销量		千个	500	
7		成本费用		千日元	300 000	
8		材料成本		千日元	100 000	
9		工资薪酬		千日元	200 000	
10		奖金		千日元	=E11*10%	
11		利润		千日元	200 000	

图 2-74　加上奖金＝利润×10%

接下来，成本费用合计数中加上奖金的数额（见图 2-75）。

	A	B	C	D	E	F
1						
2		奖金预测				
3					本年度	
4		销售收入		千日元	500 000	
5		销售单价		日元	1 000	
6		销量		千个	500	
7		成本费用		千日元	=E8+E9+E10	
8		材料成本		千日元	100 000	
9		工资薪酬		千日元	200 000	
10		奖金		千日元	20 000	
11		利润		千日元	200 000	

图 2-75　成本费用合计数中加上奖金的数额

点击"回车"后，Excel出现如图2-76所示报错。

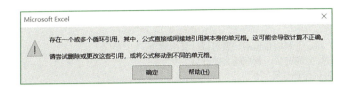

图2-76 循环引用错误（1）

点击"确定"，表中显示如图2-77所示的箭头，成本费用单元格（E7）显示为0。这就是循环引用错误。

	A	B	C	D	E	F
1						
2		奖金预测				
3					本年度	
4		销售收入		千日元	500 000	
5		销售单价		日元	1 000	
6		销量		千个	500	
7		成本费用		千日元	**0**	
8		材料成本		千日元	100 000	
9		工资薪酬		千日元	200 000	
10		奖金		千日元	20 000	
11		利润		千日元	200 000	

图2-77 循环引用错误（2）

循环引用是指，例如：

$$A=B+100$$

（1）B不确定就无法确定A。

（2）A不确定就无法确定B。

故我们无法找到A和B的答案。像这样，两个单元格相互引用而产生的错误被称为循环引用。

为什么会产生循环引用呢？请看图2-78。

A）确定了利润数值后，就可以计算出奖金了
B）奖金确定后，利润随之能计算了
→数据循环计算了！

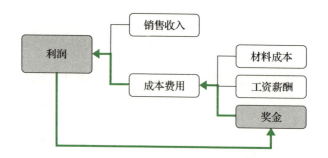

图 2-78　产生循环引用的原因

（1）利润的10%用于支付奖金，计算过程是"确定了利润数值后，就可以计算出奖金了"。

（2）奖金确定后，成本费用合计数确定，利润随之能计算了。

但①和②是矛盾的。不确定利润就无法确定奖金，反之，不确定奖金也无法计算利润。像这样循环地计算导致了循环引用。

循环引用要如何处理呢？实际上，通过"迭代计算"就能解决。通过重复执行计算步骤，可求解出同时满足①和②的奖金金额。

若要使用迭代计算，打开Excel的"文件"→"选项"列表，选择左侧"公式"，勾选右侧"启用迭代计算"（见图2-79）。

启用迭代计算后，如图2-80所示，奖金显示为"18 182"。利润显示为"181 818"，正好实现了"奖金 = 利润 × 10%"。

图 2-79　循环引用错误可用"迭代计算"解决

图 2-80　用迭代计算可求解出奖金

像这样看似矛盾的计算，用迭代计算就能解决（当然，也有不修改公式就无法解决的情况）。

但是，与敏感性分析类似，迭代计算也是造成 Excel 文件过大的原因之一，如果经常使用，Excel 的运行速度会降低。

本案例要"准确"实现利润的 10% 用于支付奖金，通过迭代计算得到了奖金为 18 182 千日元的答案，"若大致为 10%"，那 18 000 千日元的奖金差不多足够了。

盈利预测的目标是"不要计算得太细致，也不能过于粗略"。

第 3 章
做盈利预测

以历史情况为依据,预测
未来经营状况的技巧

1 如何做盈利预测

第 2 章介绍了如何用 Excel 来制作盈利预测模型解决实际问题,并介绍了相关技巧。本章将说明如何做盈利预测(见图 3-1)。

参考历史业绩,对公司盈利进行预测

			经营业绩			次年计划				
盈利预测			10月	11月	12月	1月	2月	3月	4月	5月
销售收入		日元	650 000	550 000	1 100 000	851 613	928 125	1 000 000	1 067 647	1 131 429
销售单价		日元	1 000	1 000	1 000	1 100	1 100	1 100	1 100	1 100
销量		个	650	550	1 100	774	844	909	971	1 029
年末促销战			0	0	400	0	0	0	0	0
非年末促销战		个	650	550	700	774	844	909	971	1,029
单位广告费		日元	308	318	300	310	320	330	340	350
成本费用			524 250	473 000	689 500	581 935	633 672	684 091	733 309	781 429
材料成本		日元	224 250	198 000	379 500	241 935	263 672	284 091	303 309	321 429
单位材料成本		日元	345	360	345	313	313	313	313	313
单位材料成本		美元	3.0	3.0	3.0	2.5	2.5	2.5	2.5	2.5
汇率(1美元)		日元	115	120	115	125	125	125	125	125
销量		个	650	550	1 100	774	844	909	971	1 029
广告费		日元	200 000	175 000	210 000	240 000	270 000	300 000	330 000	360 000
较上月增加		日元				30 000	30 000	30 000	30 000	30 000
其他费用		日元	100 000	100 000	100 000	100 000	100 000	100 000	100 000	100 000
利润		日元	125 750	77 000	410 500	269 677	294 453	315 909	334 338	350 000

图 3-1 做盈利预测

我们在对某个新业务的盈利情况进行预测时,方法很简单,只需要将模型中的盈利分解为价值驱动因素(鱼骨图),并预测其未来的增长趋势。

不过，在大多数情况下，需要做盈利预测的并非新业务，而是存量业务。

在预测存量业务的未来盈利情况时，要参考历史业绩确定次年的销售目标，这对于快速推进讨论非常必要。

如图 3-2 所示，盈利预测的制作过程分为以下两大部分。

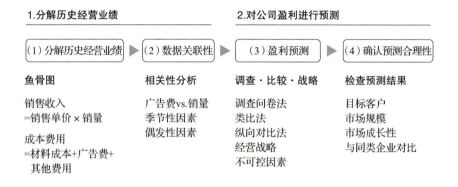

图 3-2　做盈利预测的步骤（1）

1. 分解历史经营业绩

（1）分解历史经营业绩：如第 1 章所述，将经营业绩进一步分解（鱼骨图），如销售收入可分解为"销售单价 × 销量"。

（2）数据关联性：制作盈利预测模型时，关键是弄清数据间的关联。本章介绍相关性分析的使用方法。

2. 对公司盈利进行预测

（1）盈利预测：使用与竞争对手对比等分析方法，从各维度预测公司盈利情况。

（2）确认预测合理性：检查预测结果"能否被全体接受"。即使每个价值驱动因素的预测都合乎逻辑，也要注意合计后的销售收入不可过于乐观或保守。

本章案例分析如图 3-3 所示。公司从事首饰生意，从国外进口原材料，通过网络渠道销售产品。为进一步提高销量，公司灵活地使用了网络广告进行产品推广。下面，我们对这项业务做盈利预测。

（1）公司从事首饰的销售业务

　A）从国外制造商处进口3吨左右的原材料
　B）在网络上售价为1 000日元
　C）网络广告费投入越多，销量越高
　　a.年末促销战（如圣诞节）时销量会每年多400个

（2）根据过去5个月的销售业绩，制作未来5个月的销售计划

　A）目前销售单价1 000日元有望进一步提升
　B）销量上涨，大批量采购原材料，有望降低材料成本

图 3-3　案例分析（1）

2 做盈利预测的步骤1
分解历史经营业绩

整理公司的历史经营业绩，根据盈利的分解结果（鱼骨图）制作模型（见图3-4）。

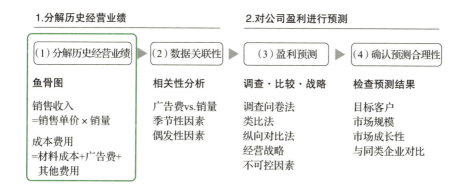

图 3-4　做盈利预测的步骤（2）

盈利的构成（鱼骨图）如图3-5所示。此外，用盈利预测模型（Excel）展示鱼骨图，如图3-6所示。其中彩色的数字为价值驱动因素（图3-5中的彩色项目）。

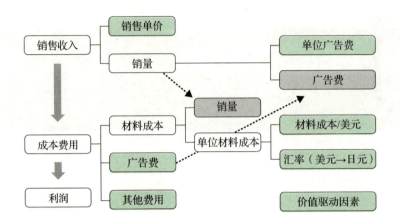

图 3-5 模型设计图（鱼骨图）

			8月	9月	10月	11月	12月	1月	2月
	盈利预测						经营业绩	次年计划	
销售收入		日元	400 000	500 000	650 000	550 000	1 100 000		
	销售单价	日元	1 000	1 000	1 000	1 000	1 000		
	销量	个	400	500	650	550	1 100		
成本费用		日元	332 000	422 500	524 250	473 000	689 500		
	材料成本		132 000	172 500	224 250	198 000	379 500		
	单位材料成本	日元	330	345	345	360	345		
	单位材料成本	美元	3.0	3.0	3.0	3.0	3.0		
	汇率（1美元）	日元	110	115	115	120	115		
	销量	个	400	500	650	550	1 100		
	广告费	日元	100 000	150 000	200 000	175 000	210 000		
	其他费用	日元	100 000	100 000	100 000	100 000	100 000		
利润		日元	68 000	77 500	125 750	77 000	410 500		

图 3-6 将鱼骨图调整为 Excel 形式的盈利预测模型

3 做盈利预测的步骤 2
检查数据关联性

找到数据与数据间的相关性是盈利预测的关键环节。如图 3-5 所示，销售收入 = 销售单价 × 销量，即销量越多，销售收入就越高，这无不妥。

但是，图 3-7 所示"网络广告费投入越多，销量越高"是真的吗？销量增加的主要原因可能是广告费以外的因素，但有观点认为广告费投入越多，销量越高。

（1）公司从事首饰的销售业务

　A）从国外制造商处进口3吨左右的原材料
　B）在网络上售价为1 000日元
　C）网络广告费投入越多，销量越高
　　a.年末促销战（如圣诞节）时销量会每年多400个

（2）根据过去5个月的销售业绩，制作未来5个月的销售计划

　A）目前销售单价1 000日元有望进一步提升
　B）销量上涨，大批量采购原材料，有望降低单位材料成本

图 3-7　网络广告费投入越多，销量就越高，是真的吗（1）

在做盈利预测时，某些数字乍一看有关联，但若把这些"想象中有相关性的数字"真正关联起来，会降低预测的精准度。例如，我们做如下假设：

- 销售员人数越多，销售收入就越高（按理说）。
- 电视广告投放越多，销售收入就越高（按理说）。
- 酒店设备越完善，顾客回头率就越高（按理说）。

那么，如何判断这些数字"相关与否"呢？方法就是相关性分析（见图3-8）。

所谓相关性分析，即"观察数据历史情况，若数字间存在强相关性（相关），则未来也一定相关"。当然，因为是预测，数字间的绝对相关难以保证，但历史的强相关性能大大增加结论的说服力。

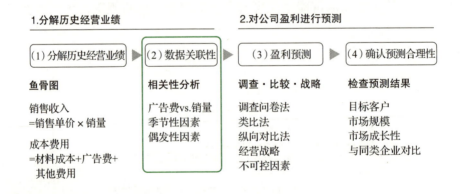

图3-8 做盈利预测的步骤（3）

4 做盈利预测的步骤 3 相关性分析

相关性分析具体指什么呢？

- 销售员人数越多，销售收入就越高（按理说）。

为了判断上述假设是否成立，我们有必要确认两者的历史相关性。将过去 5 年间每年的销售员人数作为横轴，销售收入作为纵轴，绘制散点图（见图 3-9）。另外，连接图中各点（数据）能得到一条"近似曲线"（彩色虚线），趋势是向右上升的。也就是说，从过去 5 年的趋势分析得到的结论是，"销售员人数越多，销售收入就越高"。

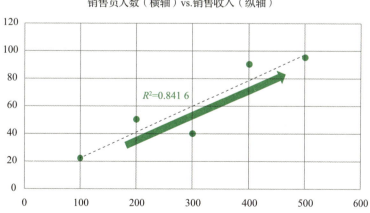

图 3-9 销售员人数越多，销售收入就越高→强相关性

图 3-9 显示 R^2=0.841 6。R^2 是说明数据相关性高低的指标。一般来说，该项指标超过 0.5 即 50% 时，数据间存在相关关系，达到 70%～80% 甚至更高时，数据间强相关。相关性分析需要注意以下三点。

1. 相关性分析是"数字验证"+"合理假设"

我们看一个"并非 R^2 值越大相关性越强"的案例。某珠宝公司的营销负责人主张："目前日本市场上，啤酒销量与珠宝销量有很强的相关性！所以我建议公司也销售啤酒！"这真的存在很强的因果关系吗？至少我并不这么认为。或许，经济景气时啤酒的销量会增加，珠宝的销量也相应增长。如果是这样，可能只存在以下两种相关性：①经济景气度和啤酒销量相关，②经济景气度和珠宝销量相关。因此，若公司开展啤酒销售业务，珠宝的销量并不会相应提升。相关性分析不能只拘泥于 R^2 的数值大小，想要有理有据，构建"合理假设"是必不可少的。

2. 利用有限的数据样本做决策

开展相关性分析时，经常会出现样本量不够的情况。前面分析销售员人数与销售收入之间的关系时，我们仅仅使用了 5 个样本（点的数量）。这种情况下，只要有一个数据发生偏差，R^2 的数值就会变化。

商业分析中也经常出现这类现象："目前获取的样本太少，我们无法判断公司未来的盈利情况，必须有足够多的样本才能预测"，从而不断推迟盈利预测的时间。我明白当样本不足时，盈利分析存在难度，我也理解想要进行正确分析的心情。但是，若等到获取足够多的样本才开始预测，时间不断延后，可能导致公司未能及时实施商业战略。即使无法获取充足的样本，也要利用有限的数据做出决策。

3. 区分季节性因素和偶发性因素的影响

历史数据包含着各类因素，如销售收入的增长可能是因为销售员人数增多了，也可能是由于年末促销战（季节性因素）的影响，甚至是因为 2020 年将举办东京奥运会带来了大量游客（偶发性因素）。季节性因素和偶发性因素混合在一起（见图 3-10），导致在开展相关性分析时很难找到数据间的相关性，因此有必要先区分影响因素，再开展相关性分析（详细内容见下一节）。

（1）季节性因素

　A）年末促销战
　B）夏天到了，饮料会热卖

（2）偶发性因素

　A）2011年：日本大地震
　B）2014年：消费税率提升
　C）2020年：举办奥运会，带来大量的游客

➡ 财务模型中要先剔除上述因素，再进行相关性分析
　（区分上述因素后，再开展相关性分析）

图 3-10　季节性因素和偶发性因素

5 做盈利预测的步骤 4
用 Excel 进行相关性分析

我们就用 Excel 来验证一下"网络广告费投入越多,销量越高"这个假设吧(见图 3-11)。

```
(1)公司从事首饰的销售业务
    A)从国外制造商处进口3吨左右的原材料
    B)在网络上售价为1 000日元
    C)网络广告费投入越多,销量越高
        a.年末促销战(如圣诞节)时销量会每年多400个
(2)根据过去5个月的销售业绩,制作未来5个月的销售计划
    A)目前销售单价1 000日元有望进一步提升
    B)销量上涨,大批量采购原材料,有望降低单位材料成本
```

图 3-11 网络广告费投入越多,销量就越高,是真的吗(2)

选择"销量"所在的第 7 行,按"Ctrl"键,同时选择"广告费"所在的第 17 行(见图 3-12)。

第 3 章 做盈利预测 以历史情况为依据,预测未来经营状况的技巧

			8月	9月	10月	11月	12月 经营业绩	次年计划 1月
盈利预测								
销售收入		日元	400 000	500 000	650 000	550 000	1 100 000	
	销售单价	日元	1 000	1 000	1 000	1 000	1 000	
	销量	个	400	500	650	550	1 100	
成本费用		日元	332 000	422 500	524 250	473 000	689 500	
	材料成本		132 000	172 500	224 250	198 000	379 500	
	单位材料成本		330	345	345	360	345	
	单位材料成本	美元	3.0	3.0	3.0	3.0	3.0	
	汇率(1美元)	日元	110	115	115	120	115	
	销量	个	400	500	650	550	1 100	
	广告费	日元	100 000	150 000	200 000	175 000	210 000	
	其他费用		100 000	100 000	100 000	100 000	100 000	
利润			68 000	77 500	125 750	77 000	410 500	

图 3-12 同时选择销量和广告费这两行单元格

点击"插入"→"散点图"→选择散点图(见图 3-13)。

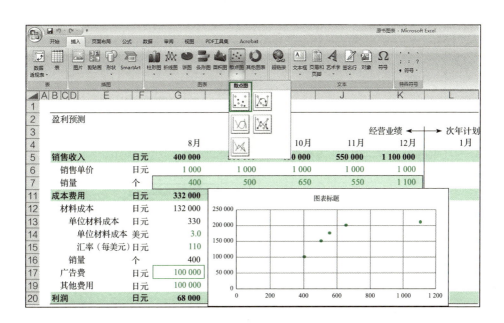

图 3-13 绘制散点图

生成散点图（见图 3-14），横轴表示销量，纵轴表示广告费。

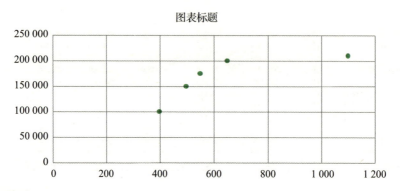

图 3-14　散点图：横轴表示销量，纵轴表示广告费

鼠标右键单击图中的点→选择"添加趋势线"，在图中添加趋势线（见图 3-15）。

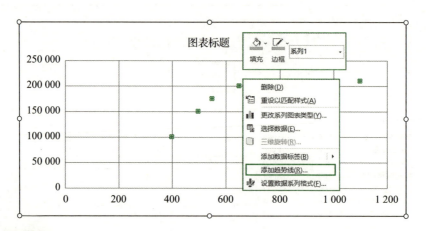

图 3-15　添加趋势线

在选择"添加趋势线"后会弹出"设置趋势线格式"对话框，其中有"显示 R 平方值"选项（见图 3-16），点击勾选，散点图中就会显示趋

势线和 R^2（见图 3-17）。

图 3-16 让图中显示 R^2

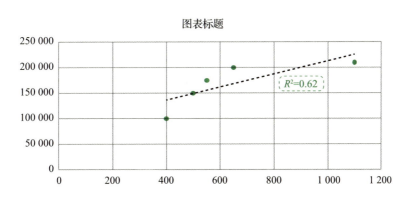

图 3-17 图中显示了趋势线和 R^2

那么，销量和广告费的相关性是多少呢？散点图中显示 R^2 为 0.62，也就是 62%（见图 3-18）。这个数值不算太高，也不算太低。

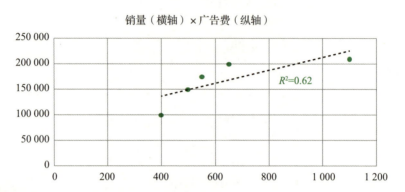

图 3-18　R^2=62%，相关性不是很强

即便如此，若此时断言广告费和销量无关，还为时尚早。请注意散点图最右侧圈出来的这个小点（见图 3-19），与其他点相比，它在趋势线的右侧发生了较大偏离。

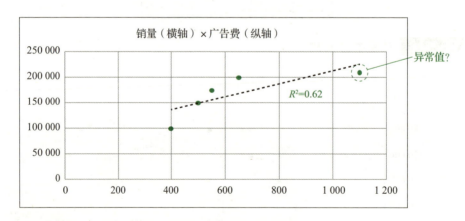

图 3-19　销量与广告费的关系中存在一个异常值

若分析时存在一个"看起来很异常"的数据，我们需要深入考虑。

第 3 章　做盈利预测　以历史情况为依据，预测未来经营状况的技巧　99

该异常值是 12 月的销量，由于年末促销战的影响（见图 3-20），销量发生显著增长（季节性因素），导致该点偏向趋势线的右侧。

> （1）公司从事首饰的销售业务
> 　　A）从国外制造商处进口 3 吨左右的原材料
> 　　B）在网络上售价为 1 000 日元
> 　　C）网络上广告费投入越多，销量越高
> 　　　　a.年末促销战（如圣诞节）时销量会每年多 400 个
> （2）根据过去 5 个月的销售业绩，制作未来 5 个月的销售计划
> 　　A）目前销售单价 1 000 日元有望进一步提升
> 　　B）销量上涨，大批量采购原材料，有望降低单位材料成本

图 3-20　由于年末促销战的影响，出现异常值

如此，年末促销战时的销量与广告费无关，因此需要验证"年末促销战以外的销量与广告费"的相关性。我们将销量进一步分解为两类：第 8 行"年末促销战"和第 9 行"非年末促销战"（见图 3-21）。

						经营业绩	次年计划
盈利预测							
		8月	9月	10月	11月	12月	1月
销售收入	日元	400 000	500 000	650 000	550 000	1 100 000	
销售单价	日元	1 000	1 000	1 000	1 000	1 000	
销量	个	400	500	650	550	1 100	
年末促销战	个	0	0	0	0	400	
非年末促销战	个	400	500	650	550	700	
单位广告费		250	300	308	318	300	
成本费用	日元	332 000	422 500	524 250	473 000	689 500	
材料成本	日元	132 000	172 500	224 250	198 000	379 500	
单位材料成本	日元	330	345	345	360	345	
单位材料成本	美元	3.0	3.0	3.0	3.0	3.0	
汇率（1美元）	日元	110	115	115	120	115	
销量	个	400	500	650	550	1 100	
广告费	日元	100 000	150 000	200 000	175 000	210 000	
其他费用	日元	100 000	100 000	100 000	100 000	100 000	
利润	日元	68 000	77 500	125 750	77 000	410 500	

图 3-21　排除年末促销战因素后，计算销量与广告费的相关性

计算两者的相关性，R^2 高达 96%（见图 3-22），即排除年末促销战因素后，销量与广告费是强相关的（广告费投入越多，销量越高）。

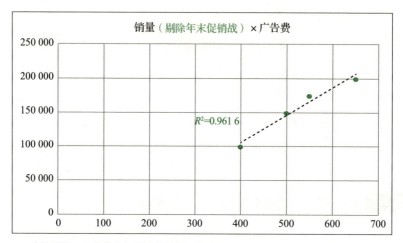

也就是说，与广告费相关联的销量，是**剔除了年末促销战影响后的销量**

图 3-22　发现了强相关性（高 R^2）

根据相关性分析结果，我们重新修正模型的设计图（鱼骨图，见图 3-23），将销量划分为年末促销战的销量和非年末促销战的销量，将非年末促销战的销量与广告费进行关联（见图 3-24）。

按照如下三步，不断重复，我们就能制作出预测精度高的模型。

（1）对哪些数据间存在相关性做出假设。

（2）使用历史数据进行相关性分析来验证。

（3）一旦发现相关性，就修改模型的设计图。

第 3 章　做盈利预测　以历史情况为依据，预测未来经营状况的技巧　101

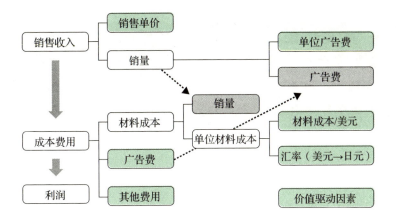

图 3-23　修改前：模型设计图（鱼骨图）

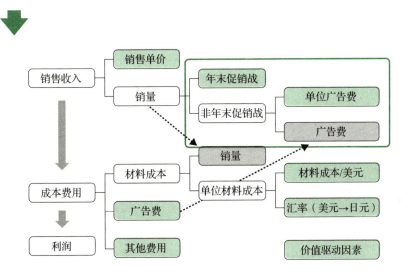

图 3-24　修改后：将销量划分为年末促销战和非年末促销战

6 做盈利预测的步骤 5 相关性分析注意事项

使用相关性分析时要注意如下事项。相关性按相关的方向可分为正相关和负相关。所谓正相关，即销售员人数增加，销售收入也增加。负相关，即气温上升，热咖啡的销量会减少。

此时要注意，如图 3-25 所示，无论是正相关还是负相关，R^2 的数值都是 84%。换句话说，仅凭 84% 这个数字，我们无法判断两者是正相关还是负相关。

(1) 正相关性：销售员人数增加 ➡ 销售收入也增加
(2) 负相关性：气温上升 ➡ 热咖啡的销量会减少
➡ 不管哪种情况，R^2 都等于 84%，所以确定数据关联性时要注意

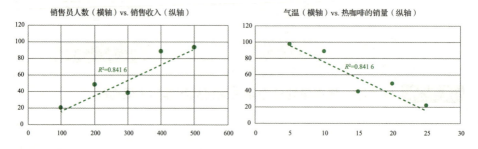

图 3-25　相关性分析的注意事项

因此，在进行相关性分析时，不仅要看 R^2 的数值，还要关注趋势线走向（虚线）是上升（正相关），还是下降（负相关）。

另外要注意，变量间的相关关系并不等于因果关系。

例如，在分析汉堡店的销售情况时，营销负责人认为"汉堡销量和咖啡销量间存在相关性。如果我们给顾客免费供应咖啡，汉堡的销量会增加"。

但真实的情况可能是"吃汉堡的人为了避免热量摄入过多（原因），产生了购买无热量咖啡的想法（结果）"。

如此，即使公司免费给顾客供应咖啡，但如果领取咖啡的人并没有强烈购买汉堡的意愿，汉堡的销量也不会增加。结果只是顾客免费喝了杯咖啡而已。

原因与结果的关系被称为因果关系。即使数据间存在相关关系，也不一定是因果关系。因此我们不能只看数据，还应该思考数据为什么会产生关联，更具体地设想数据背后的原因。

> **实践案例**
>
> **股价分析中经常使用散点图**
>
> 分析股价时也经常使用散点图。例如，在研究"×××行业中，什么样的经营指标会影响股价"时，经常使用散点图：
>
> 纵轴——股价（可以是 PE 倍数等指标）。
>
> 横轴——各类经营指标（销售收入增长率、海外销售收入占比等）。
>
> 以此来反映经营指标与股价之间的相关性。
>
> 若结论是"×××行业，海外销售收入占比越大的企业，股价越高"，该企业就会对投资者宣扬"我们公司正在努力开展海外事业"，从而赢得投资者的好感。

7 做盈利预测的步骤6
预测公司盈利情况

到目前为止，我们已对历史的利润表（销售收入、成本费用、利润）进行了分解，通过相关性分析明确了哪些数字间存在相关性。只有分析历史经营业绩，才能制作出一张未来的利润表（见图3-26）。

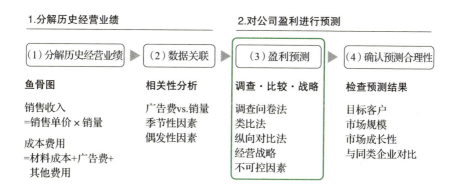

图 3-26　做盈利预测的步骤（4）

本次分析（见图3-27）以过去5个月的销售业绩为基础，制作未来5个月的销售计划。图3-28是本次盈利预测模型的设计图。首先对设计图中的价值驱动因素（彩色项目）进行预测，随后计算剩余项目，最终得到销售收入、成本费用和利润的预测结果（见图3-28）。接下来介绍价值驱动因素的预测方法（见图3-29）。

（1）公司从事首饰的销售业务
　　A）从国外制造商处进口3吨左右的材料
　　B）在网络上售价为1 000日元
　　C）网络广告费投入越多，销量越高
　　　a.年末促销战（如圣诞节）时销量会每年多400个

（2）根据过去5个月的销售业绩，制作未来5个月的销售计划
　　A）目前销售单价1 000日元有望进一步提升
　　B）销量上涨，大批量采购原材料，有望降低单位材料成本

图 3-27　案例分析（2）

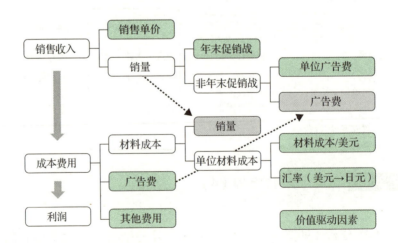

图 3-28　预测各价值驱动因素（彩色项目），制作盈利预测模型

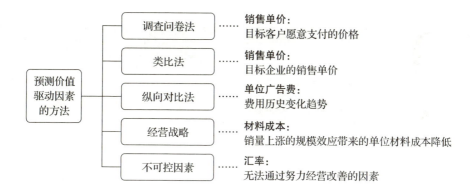

图 3-29 预测各个价值驱动因素的一系列方法

8 做盈利预测的步骤 7
对公司盈利进行预测：调查问卷法和类比法

接下来我们预测价值驱动因素，计算图 3-30 的右半部分（次年）。

			10月	11月	经营业绩 12月	次年计划 1月	2月	3月	4月	5月
盈利预测										
销售收入		日元	650 000	550 000	1 100 000					
	销售单价	日元	1 000	1 000	1 000					
	销量	个	650	550	1 100					
	年末促销战	个	0	0	400					
	非年末促销战	个	650	550	700					
	单位广告费	日元	308	318	300					
成本费用		日元	524 250	473 000	689 500					
	材料成本	日元	224 250	198 000	379 500					
	单位材料成本	日元	345	360	345					
	单位材料成本	美元	3.0	3.0	3.0					
	汇率（1美元）	日元	115	120	115					
	销量	个	650	550	1 100					
	广告费	日元	200 000	175 000	210 000					
	其他费用	日元	100 000	100 000	100 000					
利润		日元	125 750	77 000	410 500					

图 3-30　现在让我们来预测公司盈利吧

我们先分析价值驱动因素之一的"销售单价"（见图 3-31）。定价方法多种多样，其中最常用的是调查问卷法，即针对目标客户群体（年龄、性别等）展开问卷调查，询问他们最多愿意支付多少钱来购买产品。

另一种较常用的是类比法。不仅限于对标销售单价，我们可以在多个维度上参考其他同类企业的数据。这种方法非常重要。

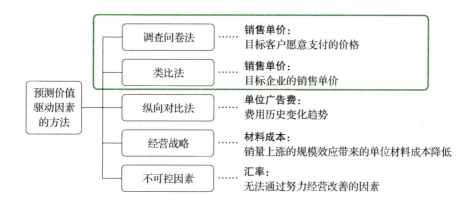

图 3-31　确定未来销售单价的方法

调查问卷结果（见图 3-32）显示，定价 1 000 日元的产品，也有顾客愿意出 1 100 日元购买。同时，我们看到同类产品售价集中在 1 200～1 300 日元，比我司定价要高。分析这两项数据结果得到的结论是，我司产品售价有望超过 1 000 日元。

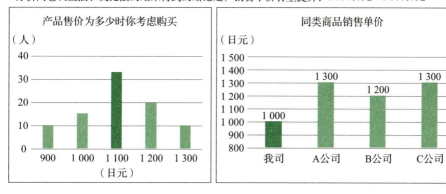

图 3-32　调查问卷法和类比法

因此，公司计划将商品销售单价从 1 000 日元提升到 1 100 日元（见图 3-33）。

			经营业绩			次年计划				
			10月	11月	12月	1月	2月	3月	4月	5月
盈利预测										
销售收入	日元		650 000	550 000	1 100 000					
销售单价	日元		1 000	1 000	1 000	1 100	1 100	1 100	1 100	1 100
销量	个		650	550	1 100					
年末促销战	个		0	0	400					
非年末促销战	个		650	550	700					
单位广告费	日元		308	318	300					
成本费用	日元		524 250	473 000	689 500					
材料成本	日元		224 250	198 000	379 500					
单位材料成本	日元		345	360	345					
单位材料成本	美元		3.0	3.0	3.0					
汇率（每美元）	日元		115	120	115					
销量	个		650	550	1 100					
广告费	日元		200 000	175 000	210 000					
其他费用	日元		100 000	100 000	100 000					
利润	日元		125 750	77 000	410 500					

图 3-33　销售单价从 1 000 日元提升到 1 100 日元

> **实践案例**
>
> ### 定价方法
>
> 产品有多种定价方法（见图3-34）。例如"成本加成定价法"。建筑工程项目对外报价时，一般先计算出工程所需耗用的材料成本和人工成本，然后在该成本价上加上30%的利润要求，即得到建筑工程项目的报价（定价）。这种计算方法很容易理解，但设定的价格可能对买方没有吸引力，甚至可能被认为是卖方自作主张。因此，这种定价方式不够有说服力。
>
> 与此相反的方法是"顾客附加价值定价法"。例如，公司给提升业务效率的软件定价时，进行如下分析：使用软件后公司人均月加班时间减少约0.5小时，则该软件为公司削减的成本金额（顾客的附加价值）为：假定公司的加班费为2 000日元/小时，2 000日元加班费×每月减少0.5小时加班=每月可削减1 000日元的成本。因此，软件的价格若设置在每月人均1 000日元以下，客户购买它的好处非常明显。
>
> ---
>
> （1）成本加成定价法
>
> A）计算单位成本（材料成本+人工成本等）
> B）在此成本上加上30%的利润要求得到销售单价
> C）用这种方法设定的价格对买方（消费者）来说并没有吸引力
>
> （2）顾客附加价值定价法
>
> A）软件能提升公司业务效率→人均月加班时间减少约0.5小时
> B）加班费2 000日元/小时×0.5小时=每月削减1 000日元成本
> C）当软件定价为每月人均1 000日元以下时，客户会购买
>
> 图3-34　定价方法

9 做盈利预测的步骤 8
对公司盈利进行预测：纵向对比法

接下来介绍纵向对比法。预测公司盈利时参考历史数据非常必要（见图 3-35）。

初创业务的盈利预测，通常与实际出入较大（实际业绩远远低于预测，让人觉得预测时过于乐观），主要原因是不参考历史业绩，很难预测将来。反过来说，对新业务而言，快速开展业务取得成果比预测盈利更关键。

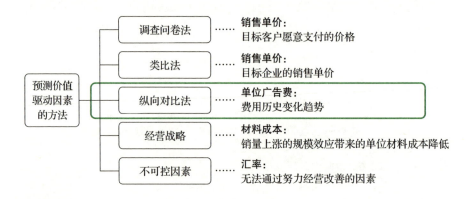

图 3-35　对比历史，预测未来

基于此，我们对下一个价值驱动因素"单位广告费"进行预测（见图 3-36）。

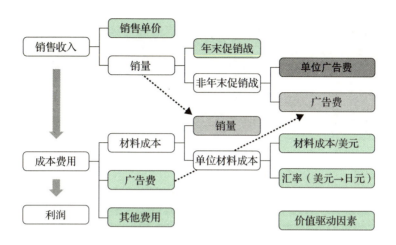

图 3-36　预测各价值驱动因素，做盈利预测

我们先观察"单位广告费"的历史趋势（见图 3-37）。这里特别说明一下，一般情况下通过折线图观察数据变化趋势。如果仅仅观察排列在一起的数据，无法判断数据的增长/减少情况，即无法了解数据的变化趋势。折线图能帮助我们掌握数据的变化趋势。

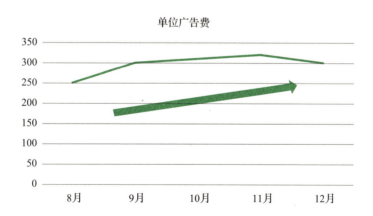

图 3-37　一定要通过折线图来观察数据历史变化趋势

10 制作图表时,强烈推荐使用"Alt"键

想通过折线图观察数据历史变化趋势,选择对应数据,点击"插入"→"折线图"就可以了。但是,一定要记住的是制作折线图的快捷键。我们经常需要通过折线图观察数据发展趋势,如果使用鼠标一一进行图表绘制,会耗费很多时间。

制作折线图的快捷键是"Alt"→"N"→"N"→"Enter",即选择制作折线图的数据范围后,依次按下按键。"Alt"键位于 Windows 键盘的左下方(见右图)。键盘右侧也有"Alt"键,均可以使用。

需要注意的是,并非同时按"Alt"键和"N",而是依次按"Alt"→"N"→"N"→"Enter"。

下面我们来进行实际操作。选中"单位广告费"这行数据,依次按"Alt"→"N"→"N"→"Enter",绘制折线图(见图 3-38)。

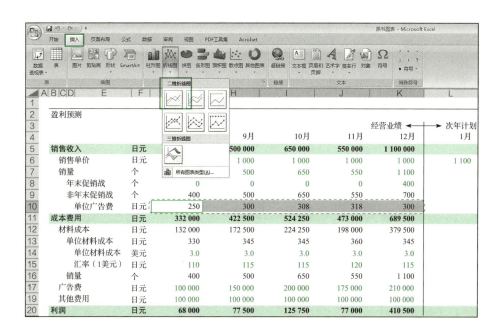

图 3-38　绘制折线图

如图 3-39 所示,单位广告费在过去 5 个月呈现增长趋势。故假设单位广告费未来每月增加 10 日元(见图 3-40)。另外,第 8 行的"年末促销战(引起的销量增长)"假设为零。

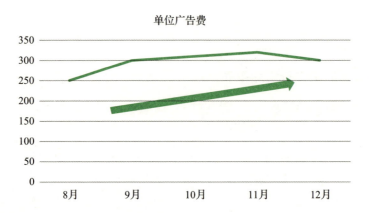

图 3-39　用快捷键快速绘制折线图

	A B C D	E	F	I	J	K	L	M	N	O	P
1											
2	盈利预测										
3					经营业绩	←	→	次年计划			
4				10月	11月	12月	1月	2月	3月	4月	5月
5	销售收入		日元	650 000	550 000	1 100 000					
6		销售单价	日元	1 000	1 000	1 000	1 100	1 100	1 100	1 100	1 100
7		销量	个	650	550	1 100					
8		年末促销战	个	0	0	400	0	0	0	0	0
9		非年末促销战	个	650	550	700					
10		单位广告费	日元	308	318	300	310	320	330	340	350
11	成本费用		日元	524 250	473 000	689 500					
12		材料成本	日元	224 250	198 000	379 500					
13		单位材料成本	日元	345	360	345					
14		单位材料成本	美元	3.0	3.0	3.0					
15		汇率（1美元）	日元	115	120	115					
16		销量	个	650	550	1 100					
17		广告费	日元	200 000	175 000	210 000					
18		其他费用	日元	100 000	100 000	100 000					
19											
20	利润		日元	125 750	77 000	410 500					

图 3-40　增加单位广告费（第 10 行）

检查盈利预测结果的一个要点是，将历史数据和次年数据合并成一张趋势图进行展示（见图 3-41）。这样一来，图的左半部分呈现历史变化，右半部分呈现未来趋势，可检查过去到将来的变化是否保持了一致。若历史增长率约为10%，在无特殊因素的情况下，未来增长率达到50%，合并后的趋势线就显得违和了。

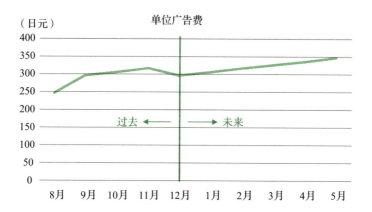

图 3-41　合并历史和未来数据形成趋势图，检查有没有违和感

{11} 长在低处的水果容易采摘

在商业活动中，以低廉的成本获取顾客非常重要。在本次案例中，单位广告费即获客成本是逐渐增加的。观察公司的历史趋势能发现，获客成本在不断增加。这里介绍一个在预测获客成本时常使用的营销术语：Low Hanging Fruits（长在低处的水果容易采摘）。

图 3-42 中有一棵水果树。采摘水果时，你首先采摘触手可及处的水果 A，这是最容易的。其次采摘位置更高一点的水果 B，过程中可能会借助梯子。由此可见，采摘水果的成本在逐渐上升。

图 3-42 Low Hanging Fruits（长在低处的水果容易采摘）

市场营销理论往往建议"首先获取成本低的客户",因此,在进行案例分析时会发现,获客成本最开始很低,之后逐渐上升。并且,当获取的客户量过大时,单位获客成本反而增加了,造成客户越多公司亏损越大的后果。

当然,随着市场营销工作深入推进,公司积累了各类经验来降低获客成本,比如随着产品(品牌)知名度逐渐提升,获客成本不断降低。营销负责人的工作目标就是不断降低获客成本,但最终结果很难预测。做盈利预测时,若将上述因素全部纳入考虑范围,结果会过于乐观(再次强调,盈利预测的结果不能过于乐观)。

12 曲棍球棒效应注意事项

前文提到在大多数情况下盈利预测的结果是较为乐观的,这里引入"曲棍球棒"这一专业术语。

公司过去5年销售收入一直处于下降趋势,但预测时公司并未直面现实,而是增加了更多乐观前提,如"销售上更加努力(应该)",或者"产品争取更多提价(应该)"等,预估公司的销售收入会突然改善,如图3-43所示。因该折线图的形状与曲棍球棒类似,故称为曲棍球棒效应。

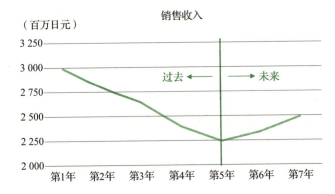

图3-43 曲棍球棒效应

如果将公司的历史数据和未来预测合并形成趋势图,出现了曲棍球棒的形状,说明对未来的预测过于乐观。

13 如何将盈利"预测"提升为盈利"计划"

截至目前，我们已经介绍了与同类企业比较和基于历史趋势预测未来等方法。但是，目前的盈利预测仅仅单纯地根据客观事实预测未来。

做盈利预测时，仅仅与历史或同类企业对比的方式还远远不够。盈利预测的结果还应反映出管理层的经营战略（见图3-44），体现经营者的"意愿"，如后续应大幅提升销售规模，或严控成本费用等。

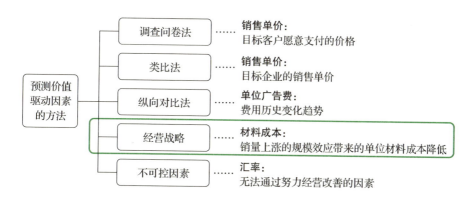

图 3-44 用价值驱动因素来反映经营战略

本次，公司的经营战略是提升产品销量，通过销量的增加降低单位材料成本。此外，公司还考虑了"广告费"这一变量（见图3-45、图3-46）。

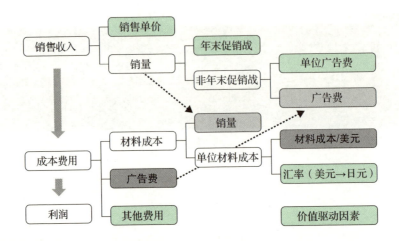

图 3-45 预测各价值驱动因素，做盈利预测

```
（1）盈利预测并非单纯地做预测，而要反映经营战略（努力的目标）
    A）今年要降低单位材料成本（3美元→2.5美元）
       a. 销量提升，单位材料成本也会随之降低（批量折扣）
       b. 为了实现销量提升，每月多投放广告费30 000日元

（2）其他，例如
    A）开展年末促销战，希望销量能实现1.5倍增长
    B）改进市场营销方案，在减少广告费投放的同时实现销量提升
    C）开拓新业务
```

图 3-46 本案例的经营战略

图 3-47 所示的盈利预测模型中，单位材料成本从 3.0 美元减少到 2.5 美元（第 14 行），每月投放的广告费均在上月（第 17 行）基础上增加 30 000 日元（第 18 行）。

第 3 章　做盈利预测　以历史情况为依据，预测未来经营状况的技巧　123

	A	B	C	D	E	F	I	J	K	L	M	N	O	P
1														
2	盈利预测													
3									经营业绩	次年计划				
4							10月	11月	12月	1月	2月	3月	4月	5月
5		销售收入				日元	650 000	550 000	1 100 000					
6			销售单价			日元	1 000	1 000	1 000	1 100	1 100	1 100	1 100	1 100
7			销量			个	650	550	1 100					
8			年末促销战			个	0	0	400	0	0	0	0	0
9			非年末促销战			个	650	550	700					
10			单位广告费			日元	308	318	300	310	320	330	340	350
11		成本费用				日元	524 250	473 000	689 500					
12			材料成本			日元	224 250	198 000	379 500					
13				单位材料成本		日元	345	360	345					
14				单位材料成本		美元	3.0	3.0	3.0	2.5	2.5	2.5	2.5	2.5
15				汇率（1美元）		日元	115	120	115					
16				销量		个	650	550	1 100					
17			广告费			日元	200 000	175 000	210 000	240 000	270 000	300 000	330 000	360 000
18				较上月增加						30 000	30 000	30 000	30 000	30 000
19			其他费用			日元	100 000	100 000	100 000					
20		利润				日元	125 750	77 000	410 500					

图 3-47　盈利预测模型

除此之外，"开展年末促销时，我们需要更多的广告费去做活动推广""明年公司要开展新业务，这部分开支也要纳入明年的预算"等想法，也是做盈利预测时所需要考虑的。

另外，即使尚未形成明确的想法，也可通过"明年想启动新业务，先把××亿日元作为挑战版预算吧"这种方式，预测销售收入或成本费用。

14 在经营战略分析中灵活使用情景分析

在第 2 章我们介绍了 CHOOSE 函数的使用方法，做盈利预测时，经营战略与情景分析有密切的关系。

经营战略要反映在盈利预测的结果中……话虽如此，但不同战略的预测难易程度不一。若我们打算开展新业务，当下较难预测未来的销售收入。而此前提到的降低材料成本，则更容易预测。

在这种情况下，各种情景分析都应将容易预测的战略（降低材料成本）纳入考虑范围，而难以预测的战略（新业务开展）仅在乐观情况下考虑。中性情况的目标实现度高，可作为公司内部目标使用，即"必须达成"，而乐观情况的目标"可实现度不高，是公司要努力实现的目标＝达成可多发奖金"（见图 3-48）。

（1）经营战略的"确定性"与情景分析有密切关系
A）材料成本有希望降低 ➡ 所有情景分析中都需要考虑
B）开展新业务的不确定性较高 ➡ 乐观情况下考虑

经营战略	悲观情况	中性情况	乐观情况
降低材料成本	纳入	纳入	纳入
开展新业务	不纳入	不纳入	纳入
裁员	纳入	不纳入	不纳入

图 3-48　经营战略与情景分析

15 如何处理不可控因素

最后分析的价值驱动因素是"汇率（美元→日元）"和"其他费用"（见图 3-49）。我们先分析汇率，这项因素不是靠企业的努力就能改变的（当然，也有控制汇率变动风险的金融战略）。这种不可控的项目被称为"不可控因素"（见图 3-50）。此外，法人税率和消费税率也是不可控的。

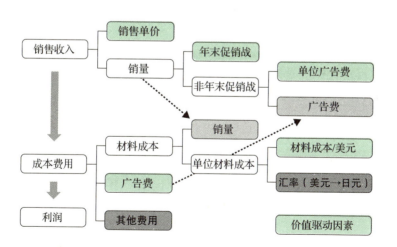

图 3-49 预测各价值驱动因素，做盈利预测

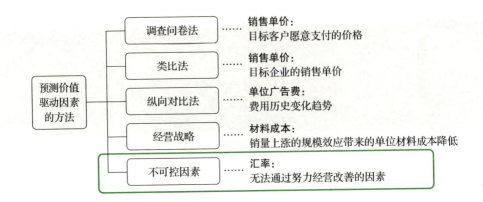

图 3-50 做盈利预测

税率一般保持不变,我们可直接使用历史值。汇率也可直接使用历史值,或参考外部咨询报告对货币未来走势的预测数据。

这里提示一点,我们可能存在"由于无法控制和预测,需要进行保守估计"的想法。本次案例分析中,当日元汇率下跌,材料成本就会上涨。历史汇率是 1 美元 =115 日元,此处保守假设日元预期贬值(利润被挤压),即 1 美元 =125 日元。

这里再次强调,盈利预测的结果若过于乐观,达成目标就变得困难。另外,公司实际经营过程中时有不可预见的情况发生(如开发进程被迫推迟等),导致销售收入难以达到预期。为了应对这些突发情况,公司应倾向选择制定保守的目标,即"考虑大量闲置资金"(见图 3-51)。

本次预测的汇率采用 1 美元兑 125 日元,"其他费用"使用历史值(见图 3-52)。

```
=自身不可控因素

（1）税率
    A）法人税率
    B）消费税率

（2）汇率
    A）预测时可使用过去12个月的平均值
    B）也可以参考外部咨询报告的数据
    C）因无法预测，故做出了保守的判断
       a."考虑大量闲置资金"
```

图 3-51　不可控因素

			10月	11月	12月 经营业绩	次年计划 1月	2月	3月	4月	5月
2	盈利预测									
5	销售收入	日元	650 000	550 000	1 100 000					
6	销售单价	日元	1 000	1 000	1 000	1 100	1 100	1 100	1 100	1 100
7	销量	个	650	550	1 100					
8	年末促销战	个	0	0	400	0	0	0	0	0
9	非年末促销战	个	650	550	700					
10	单位广告费	日元	308	318	300	310	320	330	340	350
11	成本费用	日元	524 250	473 000	689 500					
12	材料成本	日元	224 250	198 000	379 500					
13	单位材料成本		345	360	345					
14	单位材料成本	美元	3.0	3.0	3.0	2.5	2.5	2.5	2.5	2.5
15	汇率（1美元）	日元	115	120	115	125	125	125	125	125
16	销量	个	650	550	1 100					
17	广告费	日元	200 000	175 000	210 000	240 000	270 000	300 000	330 000	360 000
18	较上月增加	日元				30 000	30 000	30 000	30 000	30 000
19	其他费用	日元	100 000	100 000	100 000	100 000	100 000	100 000	100 000	100 000
20	利润	日元	125 750	77 000	410 500					

图 3-52　输入汇率和其他费用

16 完成盈利预测

至此，我们完成了所有价值驱动因素的预测（图 3-53 中的彩色部分）。接下来按照从右到左的顺序逐一计算（参照彩色箭头），盈利预测就完成了。

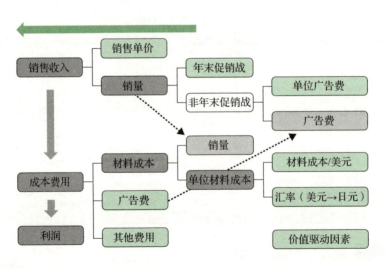

图 3-53 按照从右到左的顺序计算即可完成盈利预测

让我们赶紧试试吧！先计算 D 列的项目（见图 3-54），分别按照下列公式计算。

- 单元格 D9：销量（年末促销战以外）= 广告费 ÷ 单位广告费。
- 单元格 D13：单位材料成本 = 单位材料成本（美元）× 汇率（日元/美元）。

准确来说，销量是 774.2，本书按整数进行修正，略去了小数。

	A	B	C	D	E	F	I	J	K	L	M	N	O	P
1														
2		盈利预测												
3									经营业绩	次年计划				
4							10月	11月	12月	1月	2月	3月	4月	5月
5		销售收入				日元	650 000	550 000	1 100 000					
6			销售单价			日元	1 000	1 000	1 000	1 100	1 100	1 100	1 100	1 100
7			销量			个	650	550	1 100					
8				年末促销战		个	0	0	400	0	0	0	0	0
9				非年末促销战		个	650	550	700	774	844	909	971	1 029
10				单位广告费		日元	308	318	300	310	320	330	340	350
11		成本费用				日元	524 250	473 000	689 500					
12			材料成本			日元	224 250	198 000	379 500					
13				单位材料成本		日元	345	360	345	313	313	313	313	313
14				单位材料成本		美元	3.0	3.0	3.0	2.5	2.5	2.5	2.5	2.5
15				汇率（1美元）		日元	115	120	115	125	125	125	125	125
16				销量		个	650	550	1 100					
17			广告费			日元	200 000	175 000	210 000	240 000	270 000	300 000	330 000	360 000
18				较上月增加		日元				30 000	30 000	30 000	30 000	30 000
19			其他费用			日元	100 000	100 000	100 000	100 000	100 000	100 000	100 000	100 000
20		利润				日元	125 750	77 000	410 500					

图 3-54　按照从右到左（D 列→B 列）的顺序计算，先计算 D 列

接下来计算 C 列的项目（见图 3-55），计算公式如下所示。

- 单元格 C7：销量 = 销量（年末促销战）+ 销量（非年末促销战）。
- 单元格 C12：材料成本 = 单位材料成本 × 销量。

最后计算 B 列的项目（见图 3-56），计算公式如下。

- 单元格 B5：销售收入 = 销售单价 × 销量。
- 单元格 B11：成本费用 = 材料成本 + 广告费 + 其他费用。
- 单元格 B20：利润 = 销售收入 − 成本费用。

	A B C D	E	F	I	J	K	L	M	N	O	P
1											
2	盈利预测										
3						经营业绩	次年计划				
4				10月	11月	12月	1月	2月	3月	4月	5月
5	销售收入	日元		650 000	550 000	1 100 000					
6	销售单价	日元		1 000	1 000	1 000	1 100	1 100	1 100	1 100	1 100
7	销量	个		650	550	1 100	774	844	909	971	1 029
8	年末促销战	个		0	0	400	0	0	0	0	0
9	非年末促销战	个		650	550	700	774	844	909	971	1 029
10	单位广告费			308	318	300	310	320	330	340	350
11	成本费用	日元		524 250	473 000	689 500					
12	材料成本	日元		224 250	198 000	379 500	241 935	263 672	284 091	303 309	321 429
13	单位材料成本	日元		345	360	345	313	313	313	313	313
14	单位材料成本	美元		3.0	3.0	3.0	2.5	2.5	2.5	2.5	2.5
15	汇率（1美元）			115	120	115	125	125	125	125	125
16	销量	个		650	550	1 100	774	844	909	971	1 029
17	广告费			200 000	175 000	210 000	240 000	270 000	300 000	330 000	360 000
18	较上月增加						30 000	30 000	30 000	30 000	30 000
19	其他费用			100 000	100 000	100 000	100 000	100 000	100 000	100 000	100 000
20	利润	日元		125 750	77 000	410 500					

图 3-55 按照从右到左（D 列→B 列）的顺序计算，计算 C 列

	A B C D	E	F	I	J	K	L	M	N	O	P
1											
2	盈利预测										
3						经营业绩	次年计划				
4				10月	11月	12月	1月	2月	3月	4月	5月
5	销售收入	日元		650 000	550 000	1 100 000	851 613	928 125	1 000 000	1 067 647	1 131 429
6	销售单价	日元		1 000	1 000	1 000	1 100	1 100	1 100	1 100	1 100
7	销量	个		650	550	1 100	774	844	909	971	1 029
8	年末促销战	个		0	0	400	0	0	0	0	0
9	非年末促销战	个		650	550	700	774	844	909	971	1 029
10	单位广告费			308	318	300	310	320	330	340	350
11	成本费用	日元		524 250	473 000	689 500	581 935	633 672	684 091	733 309	781 429
12	材料成本	日元		224 250	198 000	379 500	241 935	263 672	284 091	303 309	321 429
13	单位材料成本	日元		345	360	345	313	313	313	313	313
14	单位材料成本	美元		3.0	3.0	3.0	2.5	2.5	2.5	2.5	2.5
15	汇率（1美元）	日元		115	120	115	125	125	125	125	125
16	销量	个		650	550	1 100	774	844	909	971	1 029
17	广告费			200 000	175 000	210 000	240 000	270 000	300 000	330 000	360 000
18	较上月增加	日元					30 000	30 000	30 000	30 000	30 000
19	其他费用			100 000	100 000	100 000	100 000	100 000	100 000	100 000	100 000
20	利润	日元		125 750	77 000	410 500	269 677	294 453	315 909	334 338	350 000

图 3-56 按照从右到左（D 列→B 列）的顺序计算，计算 B 列

这样就输入了所有数据，完成了预测。

17 确认预测合理性

完成盈利预测后，还应检查预测结果的合理性（见图3-57）。最简单的解释是，盈利预测要与市场规模匹配。

图 3-57 做盈利预测的步骤（5）

例如，我们以20～30岁女性为目标客群，若预计使用人数超过了20～30岁女性的人口数，这种预测就是不切实际的。

此外，我们还需注意增长的合理性。如果看护市场的规模以每年10%的速度增长，而我们预计销售收入每年仅增长3%，预测就显得过于保守了。

另外也要关注与同类企业对比的情况。若同类企业每年销售收入增长10%，而我司计划增长40%，预测就过于激进了（过于乐观）。

做完盈利预测后，要通过与市场规模对比或对标同类企业等方式，判断预测的合理性（见图3-58）。

（1）目标客群人数要与市场规模对比
以20～30岁的女性为目标客群⇔预计使用人数超过该类人群的人口数
➡ 预测是否不切实际？

（2）与市场规模的增长速度对比
看护市场规模的增速为每年10%⇔我司预计销售收入增幅为3%
➡ 预测是否过于保守？

（3）与同类企业对比
同类企业每年销售收入增长10%⇔我司目标增幅为40%
➡ 预测是否过于激进？

图 3-58　确认预测合理性

实践案例 **大型通信公司盈利模拟演练案例**

我曾在一家大型通信公司担任培训讲师，该公司的主营业务是通信，同时经营着手机应用软件开发和发布业务。我分享一个某次公司员工进行盈利模拟演练的案例。

本次演练的目标是预测公司在日本开展手机端美食菜谱视频业务（虚拟商业）的未来盈利情况。

因没有历史经营业绩，预测新业务的未来盈利较为困难，要根据市场规模来设定盈利目标。新业务瞄准的市场（客群）不同，市场规模也存在较大差异。

各小组在讨论市场规模时，提出"目标客群不仅是女性，也应该发展男性客群"或"频繁使用手机的不只是 20～40 岁的人，也应针对 50～60 岁的人进行广告营销"等想法。随着讨论不断深入，有人提出使用美食菜谱视频开设料理教室，进一步扩大市场规模。但这种方式最多只能将市场规模扩大几倍。

在本次讨论中，某个小组提出了一个大胆的想法，"去海外发展怎么样"。公司只需将菜谱视频的日语字幕翻译为英语，对象人口就从 1 亿人（日本人口）一下子扩张到 10 亿人以上（英语人口），扩大了 10 倍。如果再翻译成中文，瞄准中国 10 多亿人口市场，目标客群将达到 20 多亿人。在考虑业务的市场规模时，最重要的是"大胆地设想"。

18 认真写下做盈利预测的依据

完成盈利预测后，最右侧应写上各价值驱动因素的预测依据，当后续被询问"为什么是这个数据"时，就能很快回忆起当时的预测思路。

这里要注意，预测依据要写得尽可能具体（见图3-59）。若只写"参照了历史发展趋势"，我们仍无法获知具体信息。与此相反，如果我们写"参照过去5个月的平均值"，就能帮助检查计算结果的正确性了。

			经营业绩			次年计划					预测依据
盈利预测			10月	11月	12月	1月	2月	3月	4月	5月	
销售收入		日元	650 000	550 000	1 100 000	851 613	928 125	1 000 000	1 067 647	1 131 429	
销售单价		日元	1 000	1 000	1 000	1 100	1 100	1 100	1 100	1 100	调查问卷
销量		个	650	550	1 100	774	844	909	971	1 029	
年末促销战		个	0	0	400	0	0	0	0	0	不考虑年末促销战
非年末促销战		个	650	550	700	774	844	909	971	1 029	
单位广告费		日元	308	318	300	310	320	330	340	350	每月均较上月增加10日元
成本费用		日元	524 250	473 000	689 500	581 935	633 672	684 091	733 309	781 429	
材料成本		日元	224 250	198 000	379 500	241 935	263 672	284 091	303 309	321 429	
单位材料成本		日元	345	360	345	313	313	313	313	313	销量提升后取得批量折扣
单位材料成本		美元	3.0	3.0	3.0	2.5	2.5	2.5	2.5	2.5	保守估计125日元/美元
汇率（1美元）		日元	115	120	115	125	125	125	125	125	
销量		个	650	550	1 100	774	844	909	971	1 029	
广告费		日元	200 000	175 000	210 000	240 000	270 000	300 000	330 000	360 000	
较上月增加		日元				30 000	30 000	30 000	30 000	30 000	每月较上月增加3万日元
其他费用		日元	100 000	100 000	100 000	100 000	100 000	100 000	100 000	100 000	与上一年12月的数据相同
利润		日元	125 750	77 000	410 500	269 677	294 453	315 909	334 338	350 000	

图 3-59 预测依据要写得具体

19 自下而上法 vs. 自上而下法

以上介绍的盈利预测方法是,先预测价值驱动因素,再计算剩余项目,最后得到销售收入、成本费用、利润。本书称其为"自下而上法"(见图3-60)。

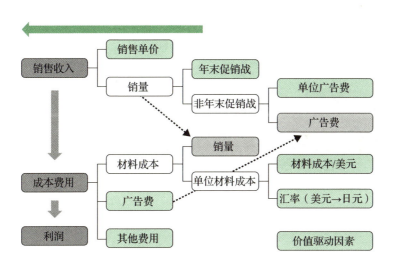

图 3-60 自下而上法:以价值驱动因素(彩色)为起点计算销售收入与利润(彩色箭头方向)

自下而上法的优势是，各价值驱动因素的负责人（如销售收入由营销负责人负责）能根据经验判断"这种程度的目标实现可能性很大"。另外，因有较大可能性实现目标，最终实际结果与预测结果不会有较大偏离（有时预测结果甚至是保守的）。

另一种预测方法是先确定销售收入和成本费用目标，再分解得到价值驱动因素。这种方法被称为自上而下法（见图 3-61）。

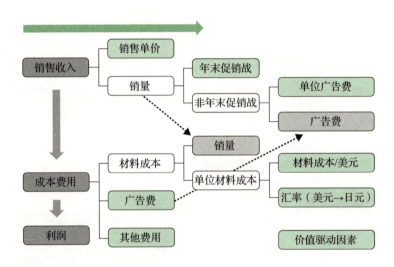

图 3-61 自上而下法：以销售收入和成本费用为起点计算价值驱动因素（彩色）（彩色箭头方向）

例如，我们在预测新业务的盈利情况时，很难准确预测价值驱动因素。因此，"一言堂"下的目标"销售收入××亿日元"就产生了，营销负责人据此分解得出必要的销量等。这就是自上而下的方法。此时，比起目标的可实现性，管理层更关注制定的目标本身，"以该数字为公司奋斗的目标吧"，但事实证明该目标往往过于理想化（乐观）。

第 4 章
汇报盈利预测结果

{1} 完成盈利预测后，一定要用 PPT 展示出它的魅力

到这里，如何利用 Excel 做盈利预测的内容就已全部介绍完毕。本章中我们将详细说明如何用更高效的方式向领导汇报盈利预测结果。

注意，如果仅仅看一系列数据，很难快速理解数据背后的意义。比如，若我们将图 4-1 所示的盈利预测结果展示给领导，并询问他对这个方案的看法，大概率你得到的回复是"不好意思，我从哪里开始看比较

盈利预测 中性情况			经营业绩		预测		
		第1年	第2年	第3年	第4年	第5年	第6年
销售收入	百万日元	75.0	120.3	187.2	263.9	340.3	455.6
会员人数	千人	25.0	37.0	52.0	75.4	104.7	140.2
新获取会员人数	千人	10.0	12.0	15.0	23.4	29.3	35.5
单个会员获取成本	千日元/人	1.5	1.9	1.8	2.0	2.3	2.4
单个会员年销售收入	千日元	3.0	3.3	3.6	3.5	3.3	3.3
销售成本	百万日元	27.0	41.0	56.4	84.4	108.9	145.8
销售成本率	%	36.0%	34.1%	30.1%	32.0%	32.0%	32.0%
毛利润	百万日元	48.0	79.3	130.8	179.5	231.4	309.8
广告宣传费	百万日元	15.0	22.5	27.0	46.8	66.0	85.1
占上年销售收入比例	%	N/A	30.0%	22.5%	25.0%	25.0%	25.0%
固定成本	百万日元	32.0	48.0	67.0	83.5	107.5	131.5
人工成本	百万日元	25.0	40.0	55.0	66.0	82.5	99.0
从业人员数	人	5.0	7.0	10.0	12.0	15.0	18.0
单位人工成本	百万日元	5.0	5.7	5.5	5.5	5.5	5.5
租赁费	百万日元	5.0	5.0	7.0	10.0	15.0	20.0
其他费用	百万日元	2.0	3.0	5.0	7.5	10.0	12.5
利润	百万日元	1.0	8.8	36.8	49.2	58.0	93.2

图 4-1 仅向领导展示表格，他很难知道我们的观点

合适？你想说明的观点是什么呢"。

　　盈利预测结果要通过PPT进行说明，这是我想强调的基本观点。为了让他人更好地理解我们制作出的这一系列数据，我将详细介绍使用PPT进行汇报的要领。

2 制作目录
在 PPT 的开头展示报告的整体框架

报告一开头要先放目录（见图 4-2）。如果我们在报告中首先阐述了盈利预测的整体框架，听众就知道了"固定成本将在报告的最后章节进行说明，那关于它的问题最后提问吧"。

目录
1. 盈利构成、商业环境与经营战略
2. 概要：销售收入、利润
3. 销售收入①：会员人数、广告宣传费
4. 销售收入②：会员年销售收入
5. 销售成本
6. 固定成本
7. 前提条件
8. 补充资料（各情况下的详细盈利预测）

图 4-2　目录让汇报框架一目了然

如果报告较长，那么每章结束时都要展示报告的整体框架，这样听众就能掌握汇报的进度，"现在汇报进行到中间部分了，估计还有 10 分钟结束"。

3 盈利构成、重要指标及情况说明

汇报盈利预测结果时,首先说明预测的前提——明确盈利的构成要素(见图4-3)。

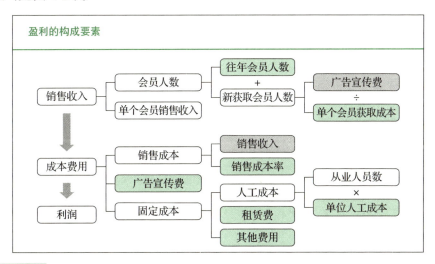

图4-3 盈利的构成要素(1)

明确盈利的构成要素,即明确将什么指标作为价值驱动因素。开场就要向听众阐释自己选择这些指标作为重要价值驱动因素的原因,比如是因为目前的商业环境和本公司的经营战略等,那么告诉对方"因为××的商业环境和经营战略,所以××指标很重要"(见图4-4)。

图 4-4　重要指标要结合商业环境、经营战略进行说明

随后介绍每种情况的前提条件（见图 4-5）。做盈利预测时，我们通常会分析 2～3 种情况，此处要具体说明每种情况的前提条件。

图 4-5　各情况的前提条件

4　展示概要（销售收入、利润）

汇报一开始还应展示报告的概要（见图4-6）。听众最关心的往往是"公司到底能赚多少钱"。因此，概要中最好就说明公司在不同情况下的销售收入和利润。

目录

1. 盈利构成、商业环境与经营战略
2. 概要：销售收入、利润
3. 销售收入①：会员人数、广告宣传费
4. 销售收入②：会员年销售收入
5. 销售成本
6. 固定成本
7. 前提条件
8. 补充资料（各情况下的详细盈利预测）

图 4-6　目录（1）

这样，听众（领导及管理层）就能够对公司的目标有大致印象，"原来明年公司能实现××亿日元的盈利，这个目标是合适的"。但如果一开始就无法与听众达成共识，后续汇报就会很痛苦。销售收入、利润这类大的目标，如果一开始就与听众达成共识，汇报也会容易许多。

因此，我们在概要中要展示悲观、乐观情况下的销售收入和利润。乐观情况是最理想的结果，即当广告投放力度加大，仍能实现销售收入与利润的同步增长。看到这个结果，听众可能会产生疑惑，"如果销售收入减少，广告费要维持不变吗？公司是不是就亏损了"。这时我们进一步说明，"悲观情况下，假定销售收入减少，但若控制广告费的开支，我们仍能确保盈利"。这样，听众就清楚理解了，"即使未来销售收入下降，投放一定金额的广告，公司也不至于亏损"。

综上，我们向听众传达的观点是，乐观情况下公司想要实现销售收入大幅增长的"成长意图"，悲观情况下"即使销售收入不增长，利润也能保持"的"冷静态度"（见图4-7）。把握好这种平衡非常重要。

概要

（1）悲观情况：单个会员年销售收入减少，控制广告宣传费，第6年的利润为4 200万日元，与前2年的情况基本类似

（2）乐观情况：单个会员年销售收入增加，积极投放广告，第6年的销售收入为71 200万日元，利润为18 800万日元，较前2年大幅增长

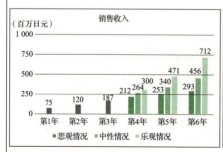
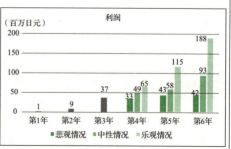

 图 4-7 概要的内容要强调公司的"成长意图"与"冷静态度"

5 说明会员人数、广告宣传费

接下来说明影响销售收入的主要价值驱动因素——会员人数（见图4-8）。

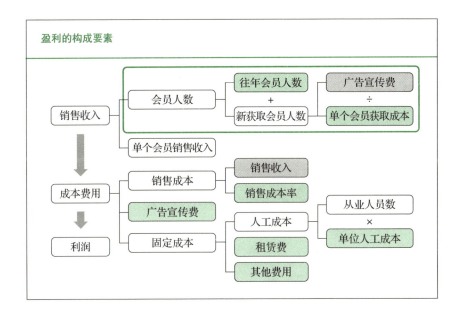

图4-8 盈利的构成要素（2）

"公司投放的广告多，会员数量就会急剧增加"，将这两个数据合并在一起形成了图 4-9、图 4-10。这两张图都是双轴图，左侧纵轴是广告宣传费，右侧纵轴是会员人数。

图 4-9 6 年间广告宣传费与会员人数（1）

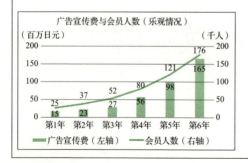

图 4-10 6 年间广告宣传费与会员人数（2）

6 单个会员销售收入

接下来分析影响销售收入的另一个价值驱动因素"单个会员销售收入"（见图4-11）。使用第3章介绍的"纵向对比法"和"类比法"。

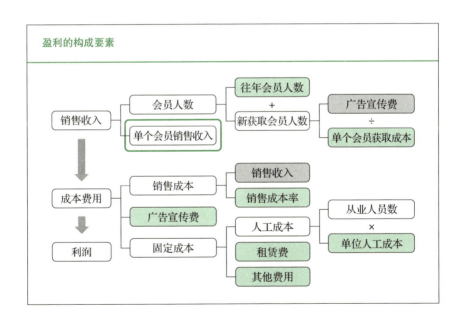

图4-11 盈利的构成要素（3）

图 4-12 中左侧图是根据历史趋势对未来进行的预测。截至目前，公司的销售收入呈现增长趋势，但考虑到竞争加剧，今后即使在中性情况下销售收入也可能下降。右侧图展示了与同类公司对比的情况。从数据来看，现阶段公司的单个会员销售收入要高于其他公司，由此判断目前"获取会员工作进展非常顺利"，盈利预测的结果稍显保守。

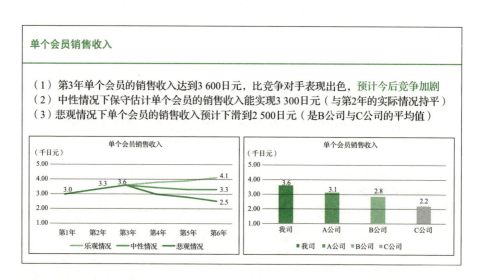

图 4-12　单个会员带来的销售收入情况，与历史数据和同类公司进行对比

7 销售成本
批量折扣是否有效果

同样地,销售成本也要根据历史趋势判断未来情况。由于销售成本与销售收入挂钩,所以在大多数情况下,销售成本率(销售成本/销售收入)也作为价值驱动因素进行分析(见图4-13)。

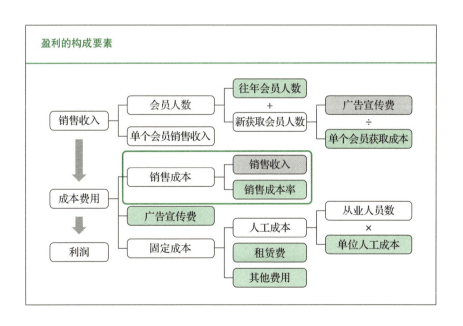

图4-13 盈利的构成要素(4)

图 4-14 显示，销售成本率的历史数据呈现下降趋势。这是批量折扣带来的，由于销量增加，单位进货成本有所降低。

当然，不同的行业呈现的结果各异。比如服装行业，暖冬会导致大衣销售受阻，门店为了促销开展大力度的折扣活动，销售成本率反而会增大。本案例中，历史销售成本率虽有所下降（改善），但未来难以预测，因此我们使用历史平均值作为未来预测值。

此外，报告中并未对销售成本分情况（悲观、中性、乐观）进行分析。实际上只需对重要的因素或预估偏差较大的数据进行情景分析，无须花费大量精力对所有数据进行分析。

图 4-14 销售成本率使用历史平均值

8 固定成本
图表和信息的排列方式

最后我们说明固定成本。虽说是固定成本，但其构成中有人工成本和租赁费等各项费用（见图4-15），因此有必要详细说明。

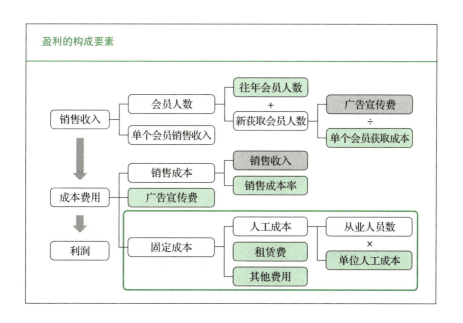

图 4-15　盈利的构成要素（5）

这里使用"堆积柱形图"进行说明,"堆积柱形图"(见图 4-16)的优点是,既能显示固定成本总体的变化(增长),又能显示具体构成情况的趋势。图 4-16 的结论一目了然,固定成本增长主要归因于人工成本。

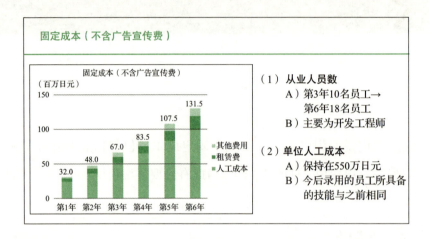

图 4-16　堆积柱形图可同时展示总体变化与具体构成情况趋势

此外,盈利预测的汇报 PPT 要同时展示图表和文字说明。之前的 PPT 中,上面展示文字说明,下面是图表,但在本张 PPT 中,图表放置在左侧,右侧展示文字说明。至于 PPT 的展示结构是上下排列,还是左右排列,要根据图表的大小和文字的长度灵活设置。

至此,本章的主要内容就介绍完毕了。接下来说明报告最后的"前提条件"和"补充资料"。

{9} 前提条件
报告最后要说明的内容

这张 PPT 要说明数据口径。比如员工人数中是否包括合同工。如果这些内容均放入正文报告中，整个 PPT 会显得内容混乱，难以阅读。因此，PPT 最后统一对这类内容进行总结（见图 4-17、图 4-18）。

```
目录

1. 盈利构成、商业环境与经营战略
2. 概要：销售收入、利润
3. 销售收入①：会员人数、广告宣传费
4. 销售收入②：会员年销售收入
5. 销售成本
6. 固定成本
7. 前提条件
8. 补充资料（各情况下的详细盈利预测）
```

图 4-17　目录（2）

```
前提条件

（1）销售成本率
    A）包含采购成本及系统运营费用

（2）固定成本
    A）员工人数仅包含正式员工和合同工
      a. 兼职员工的工资包含在其他费用中
    B）租赁费中包含水电费用
    C）外包费用包含在其他费用中
```

图 4-18 前提条件

前提条件的展示要点是"尽可能详细地进行说明"。

前提条件中的定义及口径不同，数据可能会有很大差异。如前面提到的员工人数，不包括兼职员工是 100 名，包括兼职员工是 300 名，那么对员工人数的定义就非常重要了。另外，明确前提条件也有保护你（做盈利预测和汇报盈利预测的人）的作用。例如，当有人说："我以为员工人数不包括兼职员工"时，你只需展示前提条件（所在页），就能斩钉截铁地反驳："我写在前提条件这一部分了。"

在使用数据的过程中，明确其前提条件非常重要。实际上，投行也会依据各类前提条件来计算企业收购的交易价格，并向客户提出方案，其中对前提条件的说明会非常详细。这是一种避免因对数据定义的理解不同而引发纠纷的方法。

10 补充资料
用 Excel 总结盈利预测的详细内容

PPT 的最后是盈利预测的详细内容（见图 4-19）。截至目前，我们已经用图表形式进行了数据展示，但为了满足进一步核对数据的需求，可以将盈利预测的表格展示在 PPT 中（见图 4-20、图 4-21、图 4-22）。将 Excel 中的表格和图表复制到 PPT 时，若直接复制、粘贴，会改变格式，复制时，在复制了 Excel 中的相应内容后，需要在 PPT 中依次单击"开始"→"粘贴"→"图片"。

目录

1. 盈利构成、商业环境与经营战略
2. 概要：销售收入、利润
3. 销售收入①：会员人数、广告宣传费
4. 销售收入②：会员年销售收入
5. 销售成本
6. 固定成本
7. 前提条件
8. 补充资料（各情况下的详细盈利预测）

图 4-19　目录（3）

盈利预测（悲观情况）

盈利预测 悲观情况		第1年	第2年	第3年	第4年	第5年	第6年
				经营业绩	预测		
销售收入	百万日元	75.0	120.3	187.2	212.2	252.8	293.0
会员人数	千人	25.0	37.0	52.0	70.7	91.9	117.2
新获取会员人数	千人	10.0	12.0	15.0	18.7	21.2	25.3
单个会员获取成本	千日元/人	1.5	1.9	1.8	1.5	1.0	1.0
单个会员年销售收入	千日元	3.0	3.3	3.6	3.0	2.8	2.5
销售成本	百万日元	27.0	41.0	56.4	67.9	80.9	93.8
销售成本率	%	36.0%	34.1%	30.1%	32.0%	32.0%	32.0%
毛利润	百万日元	48.0	79.3	130.8	144.3	171.9	199.3
广告宣传费	百万日元	15.0	22.5	27.0	28.1	21.2	25.3
占上年销售收入比例	%	N/A	30.0%	22.5%	15.0%	10.0%	10.0%
固定成本	百万日元	32.0	48.0	67.0	83.5	107.5	131.5
人工成本	百万日元	25.0	40.0	55.0	66.0	82.5	99.0
从业人员数	人	5.0	7.0	10.0	12.0	15.0	18.0
单位人工成本	百万日元	5.0	5.7	5.5	5.5	5.5	5.5
租赁费	百万日元	5.0	5.0	7.0	10.0	15.0	20.0
其他费用	百万日元	2.0	3.0	5.0	7.5	10.0	12.5
利润	百万日元	1.0	8.8	36.8	32.7	43.2	42.5

图 4-20　补充资料：盈利预测详细内容（悲观情况）

盈利预测（中性情况）

盈利预测 中性情况		第1年	第2年	第3年	第4年	第5年	第6年
				经营业绩	预测		
销售收入	百万日元	75.0	120.3	187.2	263.9	340.3	455.6
会员人数	千人	25.0	37.0	52.0	75.4	104.7	140.2
新获取会员人数	千人	10.0	12.0	15.0	23.4	29.3	35.5
单个会员获取成本	千日元/人	1.5	1.9	1.8	2.0	2.3	2.4
单个会员年销售收入	千日元	3.0	3.3	3.6	3.5	3.3	3.3
销售成本	百万日元	27.0	41.0	56.4	84.4	108.9	145.8
销售成本率	%	36.0%	34.1%	30.1%	32.0%	32.0%	32.0%
毛利润	百万日元	48.0	79.3	130.8	179.5	231.4	309.8
广告宣传费	百万日元	15.0	22.5	27.0	46.8	66.0	85.1
占上年销售收入比例	%	N/A	30.0%	22.5%	25.0%	25.0%	25.0%
固定成本	百万日元	32.0	48.0	67.0	83.5	107.5	131.5
人工成本	百万日元	25.0	40.0	55.0	66.0	82.5	99.0
从业人员数	人	5.0	7.0	10.0	12.0	15.0	18.0
单位人工成本	百万日元	5.0	5.7	5.5	5.5	5.5	5.5
租赁费	百万日元	5.0	5.0	7.0	10.0	15.0	20.0
其他费用	百万日元	2.0	3.0	5.0	7.5	10.0	12.5
利润	百万日元	1.0	8.8	36.8	49.2	58.0	93.2

图 4-21　补充资料：盈利预测详细内容（中性情况）

盈利预测（乐观情况）							
盈利预测 乐观情况			经营业绩		预测		
		第1年	第2年	第3年	第4年	第5年	第6年
销售收入	百万日元	75.0	120.3	187.2	300.3	470.9	711.5
会员人数	千人	25.0	37.0	52.0	80.1	120.7	175.7
新获取会员人数	千人	10.0	12.0	15.0	28.1	40.7	54.9
单个会员获取成本	千日元/人	1.5	1.9	1.8	2.0	2.4	3.0
单个会员年销售收入	千日元	3.0	3.3	3.6	3.8	3.9	4.1
销售成本	百万日元	27.0	41.0	56.4	96.1	150.7	227.7
销售成本率	%	36.0%	34.1%	30.1%	32.0%	32.0%	32.0%
毛利润	百万日元	48.0	79.3	130.8	204.2	320.2	483.8
广告宣传费	百万日元	15.0	22.5	27.0	56.2	97.6	164.8
占上年销售收入比例	%	N/A	30.0%	22.5%	30.0%	32.5%	35.0%
固定成本	百万日元	32.0	48.0	67.0	83.5	107.5	131.5
人工成本	百万日元	25.0	40.0	55.0	66.0	82.5	99.0
从业人员数	人	5.0	7.0	10.0	12.0	15.0	18.0
单位人工成本	百万日元	5.0	5.7	5.5	5.5	5.5	5.5
租赁费	百万日元	5.0	5.0	7.0	10.0	15.0	20.0
其他费用	百万日元	2.0	3.0	5.0	7.5	10.0	12.5
利润	百万日元	1.0	8.8	36.8	64.5	115.1	187.5

图 4-22　补充资料：盈利预测详细内容（乐观情况）

第 5 章
制作市场营销利润模型

1 盈利预测的问题 = 不清楚市场投资的效果

截至目前，我已详细说明了做盈利预测的方法，但本书的目的是模拟公司盈利情况，了解公司"到底能赚多少钱"，因此光有盈利预测是不够的。盈利预测遗漏了一个重要的视角。

图 5-1 是同行业 A 公司和 B 公司的销售收入、成本费用与利润情况。你认为哪个是优秀的公司？

两家公司销售收入相同，但 A 公司的利润更高。两家公司最主要的区别是广告宣传费。A 公司在广告宣传上花费了 100 万日元，而 B 公司投入了 300 万日元，利润自然低一些。

	A	B	C	D	E	F
1						
2			利润计算表			
3					A公司	B公司
4			销售收入	千日元	5 000	5 000
5			成本费用	千日元	2 500	4 500
6			材料成本	千日元	1 000	1 000
7			人工成本	千日元	500	500
8			广告宣传费	千日元	1 000	3 000
9			利润	千日元	2 500	500

图 5-1　A 公司与 B 公司，哪个是优秀的公司

从图 5-1 中的数据能得出"A 公司更优秀"的结论吗？让我们来看看 B 公司董事长的说法。

"目前广告宣传取得较好效果，为公司带来了大量用户。明年用户转化才能实现销售收入的提升，但今年公司仍会积极开展广告宣传。"如图 5-2 所示。

B公司董事长的发言：
- 市场营销（广告宣传）取得较好效果，获取了大量用户
- 明年用户转化才能带来销售收入的提升，但公司今年仍会积极开展广告宣传

	A	B	C	D	E	F	
1							
2		利润计算表					
3					A公司	B公司	
4		**销售收入**		千日元	5 000	5 000	
5		成本费用		千日元	2 500	4 500	
6			材料成本	千日元	1 000	1 000	
7			人工成本	千日元	500	500	
8			广告宣传费	千日元	1 000	3 000	对未来的投资！
9		**利润**		千日元	2 500	500	

图 5-2　B 公司董事长的发言

即广告宣传能提升明年销售收入，从长远来看，我们的经营判断不用过多关注今年利润的减少。

看到这里，你是不是发现了，A 公司没有开展面向未来的市场营销活动，B 公司的利润可能在明年大幅提升。

盈利预测的问题在于"很难判断公司的长期投资带来的市场效果"。

比如，某公司向股东宣传："我司利润率非常高，是业界第一！"反过来说，这可能是因为公司没有针对未来开展必要的投资活动。比如，公司削减成长所需的人工成本，不投资新设备，不进行广告宣传，利润

仅仅来源于现有业务。那么，虽然短期来看公司的利润率提高了，但丧失了长期的增长动力（见图 5-3）。

```
（1）盈利预测（销售收入、成本费用、利润）
    A）当年的利润（一年内实现的销售收入、利润）
    B）若跨年，就无法知道投资带来的长期效果

（2）市场营销
    A）广告的投放，到底能为公司带来多少利润
    B）长期投资带来的效果
        • 成本费用vs.对应的销售收入增加
```

图 5-3　盈利预测与市场营销投资对公司利润的影响

也就是无视长期成长，而只通过削减成本的方式提高公司短期利润，这种方法出乎意料地简单。

成本费用包括：①与销售商品相关的成本费用；②与销售商品无关的成本费用。对于前者，从投资回报的角度考虑，如果认为能获得比投资额更大的回报，就应该积极地继续投资。对于后者，应尽可能削减。

经常有人提出"今年公司的利润可能会低于目标，我们不妨削减广告宣传费来达成目标"，可以说这是以牺牲次年的利润增长为代价。

在本书最后，我将说明"市场营销长期投资效果"的计算方法，这是盈利预测无法实现的。

请大家一定要掌握以上内容，成为能从盈利预测和市场营销两个角度进行模拟分析的人才。

实践案例   亚马逊未来的销售收入和利润情况

大家都听说过大型互联网企业亚马逊吧，但你了解过亚马逊的历史销售收入和利润吗？

亚马逊的盈利情况非常容易理解，如图5-4所示，销售收入快速增长，但利润维持在盈亏平衡点附近。

那么，亚马逊是否属于"销售收入增长却不产生利润的低盈利商业模式"呢？实际上并非如此。亚马逊大胆地投资新业务，宣称比起短期利润，更看重企业长期的成长性。

"亚马逊重视的是长期、可持续增长的自由现金流"

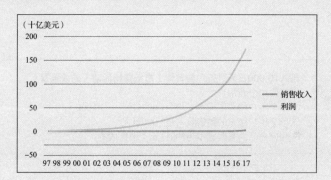

图 5-4　亚马逊的销售收入和利润的变化情况

亚马逊的"市场的长期成长性高于短期利润"这一理念多年来未曾改变。

当理解了市场投资的效果后，我们看到亚马逊的利润变化仍会觉得"好厉害"。

2 市场营销利润的关注要点及计算方法

那么，市场营销活动能产生利润吗？"市场营销利润"按照如下方式来考虑。

比如，假设公司在广告宣传（市场营销活动）上投资了10 000日元（见图5-5）。

> 投入10 000日元进行广告宣传（市场营销活动）的效果是：
> ①获取10个新用户
> ②单个用户的获取成本平均为1 000日元（=10 000÷10）
> ③单个用户带来的销售收入是3 000日元
> ④相应商品的采购成本为500日元（销售成本）

图 5-5　案例分析

在这种情况下，从10 000日元的市场营销活动获得的利润即市场营销利润（见图5-6）。

> 市场营销利润
> =单个用户利润×获取用户数量
> =(单个用户销售收入－成本费用)×获取用户数量
> =(③销售收入－②市场营销费用－④销售成本)×①获取用户数量
> =(3 000－1 000－500)×10
> =15 000(日元)

图 5-6　计算市场营销利润

市场营销利润的计算公式如下所示。

> 市场营销利润＝单个用户利润 × 获取用户数量
> 　　　　　＝(用户生命周期总价值－市场营销费用－销售成本)×
> 　　　　　　获取用户数量

这个计算公式中有一个陌生的专有名词——用户生命周期总价值(LTV)。LTV 指单个用户的销售收入,接下来详细说明。

3 用户生命周期总价值

> 市场营销利润 = 单个用户利润 × 获取用户数量
> 　　　　　= (用户生命周期总价值 – 市场营销费用 – 销售成本) ×
> 　　　　　　获取用户数量

　　市场营销利润最简单的计算方法是"用户单价 – 市场费用"。例如，1万日元的广告宣传费带来了3万日元的商品销售，那么该市场营销产生的利润即为2万日元。

　　但是，上述计算中有一个遗漏点，即没有考虑留存用户持续使用公司的产品给公司带来的利润。考虑市场营销活动的效果时，留存用户的持续使用行为非常重要。

　　比如，我常年使用同一家通信运营商的网络。当我还是高中生时，我偶然看到该运营商的电视广告，就选择与它签约了，此后持续使用了约20年。假设我每个月支付1万日元，截至目前，我向该运营商支付的金额为1万日元/月 × 12个月 × 20年 = 240万日元。

　　相反，站在运营商的立场上，它通过电视广告宣传，获取了一个支付240万日元的用户。这样，即使投放了费用高昂的电视广告，公司也能实现价值创造。

上述说的 "240 万日元"，就是用户生命周期总价值。在计算投放市场营销活动带来的销售收入时，要考虑 "用户生命周期总价值"。

根据业务类型的不同，用户生命周期总价值的计算方法存在差异。比如新闻订阅业务，一般情况下用户每年要支付 1 000 日元的固定金额。如果合同平均持续 10 年，则 LTV=1 万日元。

若获取一个用户所花费的市场营销费用在 1 万日元以内，则创造的利润为正。

下面分析一个电脑端/手机端在线新闻订阅服务的案例（见图 5-7）。假设用户每年为该项服务支付 1 000 日元。每年留存的用户比例是 70%，30% 的用户选择解除服务。你是公司的市场营销负责人，2019 年投放了 20 万日元用于广告宣传。最终，你获得了 100 个新订阅用户。那么，本次市场营销活动（广告宣传）能给公司带来利润吗？

```
（1）在线新闻订阅
   A）用户每年支付1 000日元
   B）每年留存的用户比例是70%（30%选择解除服务）
（2）计算市场营销活动产生的利润
   A）2019年，公司投放了20万日元用于市场营销活动（广告宣传）
   B）本次市场营销活动带来了100个新订阅用户
   C）计算2019～2023年这5年间产生的利润
```

图 5-7　案例分析

最终计算结果如图 5-8 所示。

本次计算中，价值驱动因素共有 5 个，分别是年订阅费用、新增用户数、用户留存率、单个用户的获取成本、销售成本率。知道上述数据，就能计算出市场营销利润了。

先计算订阅用户数（图 5-9 单元格 D11）。2019 年为订阅服务的首年，当年订阅人数是新获取的 100 人，引用单元格 D3 的数据。

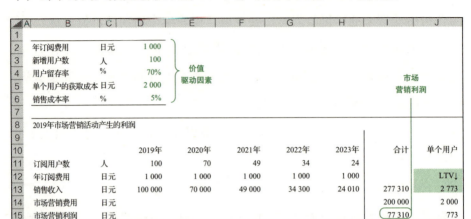

图 5-8　最终的计算结果

2020 年后的订阅用户数（单元格 E11）的计算方法为"上年订阅用户数 × 用户留存率 70%"。另外，引用用户留存率 70%（单元格 D4）时，用绝对引用，这样在计算 2021～2023 年的订阅用户数时直接复制公式即可。

接下来计算年订阅费用（单元格 D12），直接引用每年 1 000 日元（单元格 D2）即可。

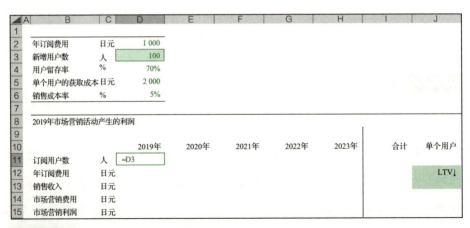

图 5-9　计算订阅用户数、年订阅费用

第 5 章 制作市场营销利润模型

	A	B	C	D	E	F	G	H	I	J
1										
2		年订阅费用	日元	1 000						
3		新增用户数	人	100						
4		用户留存率	%	70%						
5		单个用户的获取成本	日元	2 000						
6		销售成本率	%	5%						
7										
8		2019年市场营销活动产生的利润								
9										
10				2019年	2020年	2021年	2022年	2023年	合计	单个用户
11		订阅用户数	人	100	=D11*$D$4					
12		年订阅费用	日元							LTV↓
13		销售收入	日元							
14		市场营销费用	日元							
15		市场营销利润	日元							

	A	B	C	D	E	F	G	H	I	J
1										
2		年订阅费用	日元	1 000						
3		新增用户数	人	100						
4		用户留存率	%	70%						
5		单个用户的获取成本	日元	2 000						
6		销售成本率	%	5%						
7										
8		2019年市场营销活动产生的利润								
9										
10				2019年	2020年	2021年	2022年	2023年	合计	单个用户
11		订阅用户数	人	100	70	49	34	24		
12		年订阅费用	日元	=$D$2						LTV↓
13		销售收入	日元							
14		市场营销费用	日元							
15		市场营销利润	日元							

图 5-9（续）

继续计算销售收入（图 5-10 第 13 行）。2019～2023 年各年的销售收入由"订阅用户数 × 年订阅费用"决定。此外，将这 5 年的销售收入相加（图 5-11 单元格 I13），就可以得到 2019 年获得的 100 个新用户在 2019～2023 年 5 年间共支付的金额（销售收入）。

	A	B	C	D	E	F	G	H	I	J
1										
2		年订阅费用	日元	1 000						
3		新增用户数	人	100						
4		用户留存率	%	70%						
5		单个用户的获取成本	日元	2 000						
6		销售成本率	%	5%						
7										
8		2019年市场营销活动产生的利润								
9										
10				2019年	2020年	2021年	2022年	2023年	合计	单个用户
11		订阅用户数	人	100	70	49	34	24		
12		年订阅费用	日元	1 000	1 000	1 000	1 000	1 000		LTV↓
13		销售收入	日元	=D11*D12						
14		市场营销费用	日元							
15		市场营销利润	日元							

图 5-10　计算销售收入

	A	B	C	D	E	F	G	H	I
1									
2		年订阅费用	日元	1 000					
3		新增用户数	人	100					
4		用户留存率	%	70%					
5		单个用户的获取成本	日元	2 000					
6		销售成本率	%	5%					
7									
8		2019年市场营销活动产生的利润							
9									
10				2019年	2020年	2021年	2022年	2023年	合计
11		订阅用户数	人	100	70	49	34	24	
12		年订阅费用	日元	1 000	1 000	1 000	1 000	1 000	
13		销售收入	日元	100 000	70 000	49 000	34 300	24 010	=SUM(D13:H13)
14		销售成本	日元						
15		市场营销费用	日元						
16		市场营销利润	日元						

图 5-11　计算合计销售收入（2019～2023 年）

再计算单个新订阅用户产生的销售收入（图 5-12 单元格 J13）。将刚才计算得到的合计销售收入除以新增用户数 100 人。

图 5-12 计算单个新订阅用户产生的销售收入 = LTV

计算结果为 2 773 日元（见图 5-13），即单个新订阅用户产生的平均销售收入为 2 773 日元，也被称为用户生命周期总价值（LTV）。

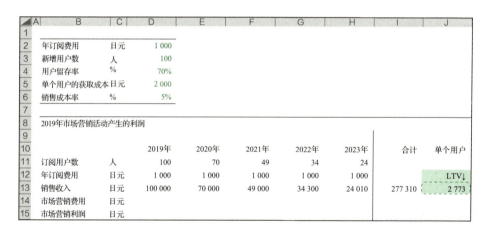

图 5-13 计算单个新订阅用户产生的销售收入 = 2 773 日元

接着，将 LTV 减去市场营销费用（广告费），计算得到利润金额。

市场营销费用（广告费）用"新增用户数（单元格 D3）× 单个用户的获取成本（单元格 D5）"计算得出（见图 5-14），结果为 20 万日元。

图 5-14 市场营销费用（单元格 I14）= 新增用户数 × 单个用户的获取成本

最后用合计销售收入减去合计市场营销费用计算得出市场营销利润（见图 5-15）。

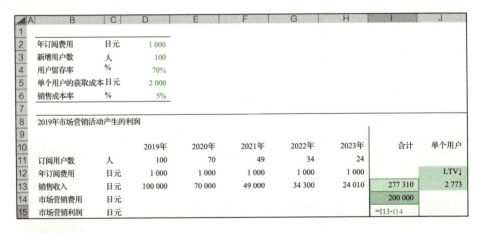

图 5-15 市场营销利润（单元格 I15）= 合计销售收入 − 合计市场营销费用

结果如图 5-16 所示，市场营销利润为 77 310 日元。用这个数字除以 100（新增用户数，单元格 D3），得到每个新订阅用户产生的利润为

773 日元（单元格 J15）。

	A	B	C	D	E	F	G	H	I	J
1										
2		年订阅费用	日元	1 000						
3		新增用户数	人	100						
4		用户留存率	%	70%						
5		单个用户的获取成本	日元	2 000						
6		销售成本率	%	5%						
7										
8		2019年市场营销活动产生的利润								
9										
10				2019年	2020年	2021年	2022年	2023年	合计	单个用户
11		订阅用户数	人	100	70	49	34	24		
12		年订阅费用	日元	1 000	1 000	1 000	1 000	1 000		LTV↓
13		销售收入	日元	100 000	70 000	49 000	34 300	24 010	277 310	2 773
14		市场营销费用	日元						200 000	2 000
15		市场营销利润	日元						77 310	773

图 5-16　计算单个用户产生的市场营销利润

即公司投入 20 万日元（人均 2 000 日元）的市场营销费用，创造了 77 310 日元的利润。

市场营销利润 =（LTV− 市场营销费用 − 销售成本）× 获取用户数量

　77 310 日元　　2 773 日元　　2 000 日元　　　　　　　　100 人

　单元格 I15　　单元格 J13　　单元格 J14　　　　　　　　单元格 D3

有一点要注意，此处 LTV 为 2 773 日元，但准确的数字为 2 773.1 日元（请注意，用计算器计算时，数字会有误差）。

4 计算市场营销活动的效果时要考虑"销售成本"

在计算市场营销利润时,不仅要从销售收入中减去市场营销费用,还要减去销售成本。将计算公式调整如下:

> 市场营销利润 =(LTV− 市场营销费用 − 销售成本)× 获取用户数量

例如,我们为销售 10 000 日元的食品,投放了 10 000 日元的市场营销费用,那么,产生的利润 = 销售收入 10 000 日元 − 市场营销费用 10 000 日元,为 0 日元,实际上并非如此。若考虑生产食品所耗费的材料成本和运输费用,利润就是负数了。

市场营销利润一定要用"销售收入 − 销售成本 − 市场营销费用"这个公式计算。

销售成本可理解为"随着销量增加而增长的成本"。例如,材料成本、运输费用以及单位人工成本等都应计入销售成本。

以在线新闻订阅服务的商业模式为例,若用户使用信用卡支付订阅费用,信用卡手续费由新闻公司承担,因此手续费也应计入销售成本。

假设手续费为 5%,销售成本(图 5-17 第 14 行)的计算公式为:销售收入 × 销售成本率 5%(单元格 D6)。

	A	B	C	D	E	F	G	H	I	J
1										
2		年订阅费用	日元	1 000						
3		新增用户数	人	100						
4		用户留存率	%	70%						
5		单个用户的获取成本	日元	2 000						
6		销售成本率	%	5%						
7										
8		2019年市场营销活动产生的利润								
9										
10				2019年	2020年	2021年	2022年	2023年	合计	单个用户
11		订阅用户数	人	100	70	49	34	24		
12		年订阅费用	日元	1 000	1 000	1 000	1 000	1 000		LTV↓
13		销售收入	日元	100 000	70 000	49 000	34 300	24 010	277 310	2 773
14		销售成本	日元	=D3*$D$6						
15		市场营销费用	日元						200 000	2 000
16		市场营销利润	日元						77 310	773

图 5-17 销售成本（单元格 D14）= 销售收入 × 销售成本率 5%

接下来，计算市场营销利润。市场营销利润 = 销售收入 – 销售成本 – 市场营销费用（图 5-18 单元格 I16）。

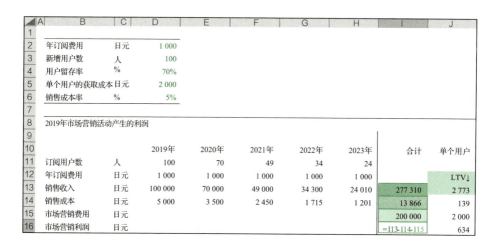

	A	B	C	D	E	F	G	H	I	J
1										
2		年订阅费用	日元	1 000						
3		新增用户数	人	100						
4		用户留存率	%	70%						
5		单个用户的获取成本	日元	2 000						
6		销售成本率	%	5%						
7										
8		2019年市场营销活动产生的利润								
9										
10				2019年	2020年	2021年	2022年	2023年	合计	单个用户
11		订阅用户数	人	100	70	49	34	24		
12		年订阅费用	日元	1 000	1 000	1 000	1 000	1 000		LTV↓
13		销售收入	日元	100 000	70 000	49 000	34 300	24 010	277 310	2 773
14		销售成本	日元	5 000	3 500	2 450	1 715	1 201	13 866	139
15		市场营销费用	日元						200 000	2 000
16		市场营销利润	日元						=I13-I14-I15	634

图 5-18 市场营销利润（单元格 I16）= 销售收入 – 销售成本 – 市场营销费用

如图 5-19 所示，投入 20 万日元（人均 2 000 日元）的市场营销费用，产生 63 445 日元的利润。

	A	B	C	D	E	F	G	H	I	J
1										
2		年订阅费用	日元	1 000						
3		新增用户数	人	100						
4		用户留存率	%	70%						
5		单个用户的获取成本	日元	2 000						
6		销售成本率	%	5%						
7										
8		2019年市场营销活动产生的利润								
9										
10				2019年	2020年	2021年	2022年	2023年	合计	单个用户
11		订阅用户数	人	100	70	49	34	24		
12		年订阅费用	日元	1 000	1 000	1 000	1 000	1 000		LTV↓
13		销售收入	日元	100 000	70 000	49 000	34 300	24 010	277 310	2 773
14		销售成本	日元	5 000	3 500	2 450	1 715	1 201	13 866	139
15		市场营销费用	日元						200 000	2 000
16		市场营销利润	日元						63 445	634

图 5-19　计算市场营销利润（单元格 I16）

至此，市场营销利润的计算就完成了。总而言之，市场营销利润可用下述公式计算。

市场营销利润 =（LTV - 市场营销费用 - 销售成本）× 获取用户数量

　　63 445 日元　　2 773 日元　　2 000 日元　　139 日元　　　　100 人

　　单元格 I16　　单元格 J13　　单元格 J15　　单元格 J14　　单元格 D3

Q5 公司不对外公布"用户生命周期总价值"的原因

致力于开展市场营销活动的公司，一定会重视管理用户生命周期总价值的数据。

- 通过某种营销方式（广告的种类），获得了多少新用户。
- 用户留存的比率。
- 某个用户贡献了多少销售收入。

公司一定会对上述数据进行管理。比如，零售行业投入大量的预算用于积分卡制作、推广网上注册等方式，以获取用户的动态数据。随后，根据用户生命周期总价值决定合适的广告预算，这是市场营销负责人的工作职责。

尽管用户生命周期总价值在市场营销中是非常重要的指标，但几乎所有公司都不会公开这个数据，原因是，用户生命周期总价值的计算精准度是有限的。

前面提到的在线新闻订阅服务，假定用户留存率每年都是70%。这个前提条件存在问题，实际上用户留存率每年都会变化。从刚开始订阅的第一年到第二年，有很多用户会觉得"一开始想看的内容到现在也没看,太浪费了,解约吧",留存率很低。但是,到了第 4 年、第 5 年的时候,阅读新闻已经成为一种习惯,甚至也有大量用户忘记自己已支付订阅费用,这样用户留存率就会变得很高(这类用户相当多,是我们宝贵的利润来源)。如此,我们需要仔细观察每年用户留存率的变动。

还有一种可能性,用户留存率未来会变高。目前用户留存率是 70%,后续通过改善服务质量,甚至可能达到 80%。今年投放的广告费用带来的利润增长(投资效果)是由以后年度的用户留存率决定的,如果不清楚用户留存率将来能达到多少,用户生命周期总价值就难以确定。

另外,本案例中假定每年的订阅费用是固定不变的(1 000 日元),这很容易理解,但是也存在公司调整订阅费用的情况。比如,公司通过网络渠道销售产品,圣诞节促销期间的销售收入会上涨(季节性因素),那么,在这种情况下,计算用户生命周期总价值时该如何考虑?

判断预测期的长度也相当困难。本次我们计算了 2019 ~ 2023 年 5 年间的市场营销利润,实际上 2024 年以后也会有用户持续订阅。因此确定预测期的长度也很重要。若预测期很长,还要考虑贴现率的影响。

合理地计算并预测所有因素是很难的,实际上,市场营销负责人在计算用户生命周期总价值时,每年都会调整计算的前提条件。因此一般情况下,公司不会对外公布用户生命周期总价值的计算结果。

6 使用 LTV 模型使市场营销利润最大化

图 5-20 展示了用户生命周期总价值的计算模型（又称为市场营销利润计算模型，本书称为 LTV 模型），该模型能模拟计算出公司要想实现市场营销利润最大化的目标，需要投放多少资金用于市场营销活动。

这正是市场营销负责人的重要工作。"推广这项业务能为公司赚取多少利润？"要想说服周围冷眼旁观的同事，我们需要给出市场营销利润的计算结果。

	A	B	C	D	E	F	G	H	I	J
1										
2		年订阅费用	日元	1 000						
3		新增用户数	人	100						
4		用户留存率	%	70%						
5		单个用户的获取成本	日元	2 000						
6		销售成本率	%	5%						
7										
8		2019年市场营销活动产生的利润								
9										
10				2019年	2020年	2021年	2022年	2023年	合计	单个用户
11		订阅用户数	人	100	70	49	34	24		
12		年订阅费用	日元	1 000	1 000	1 000	1 000	1 000		LTV↓
13		销售收入	日元	100 000	70 000	49 000	34 300	24 010	277 310	2 773
14		销售成本	日元	5 000	3 500	2 450	1 715	1 201	13 866	139
15		市场营销费用	日元						200 000	2 000
16		市场营销利润	日元						63 445	634

图 5-20　使用 LTV 模型，使公司市场营销利润最大化

进行利润模拟时，要注意一个重要的前提条件：市场营销费用（单个用户的获取成本）与获取用户数量呈正比。也就是说，获取越多的用户，单个用户的获取成本越高。

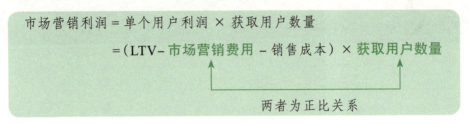

该前提条件适用于所有的市场营销策略。但也存在获取用户数量增加以及通过口口相传获取的新用户数量增加，单个用户获取成本不断降低的情况。

该结论的背景就是本书前文介绍过的"Low Hanging Fruits"（见图 5-21）。在市场营销中，要先用最小的代价获得用户，即从获取用户效率最高的方法开始。当获得的用户越来越多时，我们不得不开始采取某些效率低的营销方法，结果就是用户的平均获取成本上升，公司获得的利润逐步减少。

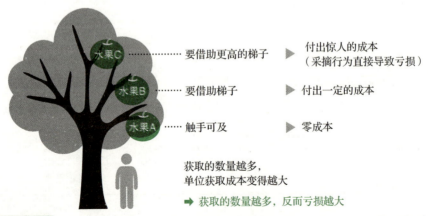

图 5-21 Low Hanging Fruits（长在低处的水果容易采摘）

即公司获取了过多的用户，反而会亏损。因此为实现市场营销利润最大化的目标，我们要找到最合适的用户获取数量和获取成本。

我们继续进行案例分析，计算使在线新闻订阅服务的市场营销利润最大化的新用户获取数量和获取成本（见图 5-22）。

（1）市场营销活动的趋势
　　A）新用户获取数量增多，单个用户的获取成本也呈现上涨趋势
（2）下列哪种情况能产生最高的市场营销利润
　　A）单个用户的获取成本为1 750日元，新获取50个用户
　　B）单个用户的获取成本为2 000日元，新获取100个用户
　　C）单个用户的获取成本为2 250日元，新获取200个用户
　　D）单个用户的获取成本为2 500日元，新获取300个用户

图 5-22　案例分析

显然，与 A）相比，D）获得了更多的新用户，按理说销售收入应该更高。但是 D）的单个用户获取成本很高，市场营销费用高，实现的利润未必最多。

不妨用前文介绍的敏感性分析来计算出结果。纵轴为单个用户的获取成本，横轴为新获取用户数量，按图 5-23 所示的方式计算市场营销利润。

	K	L	M	N	O	P	Q
17							
18		市场营销利润					
19		日元			新获取用户数量		
20				50	100	200	300
21		单个用户的获取成本	1 750	A）44 222	88 445	176 889	265 334
22			2 000	31 722	B）63 445	126 889	190 334
23			2 250	19 222	38 445	C）76 889	115 334
24			2 500	6 722	13 445	26 889	D）40 334

图 5-23　用敏感性分析方法计算市场营销利润

由此可见，利润最高的是 C)，接下来是 B)、A)、D)。也就是说，在这四种情况中，以单个用户 2 250 日元的成本获得新用户的市场营销利润最高（见图 5-24）。

> （1）市场营销活动的趋势
>   A）新用户获取数量增多，单个用户的获取成本也呈现上涨趋势
> （2）下列哪种情况能产生最高的市场营销利润
>   A）单个用户的获取成本为1 750日元，新获取50个用户　→44 222日元
>   B）单个用户的获取成本为2 000日元，新获取100个用户　→63 445日元
>   C）单个用户的获取成本为2 250日元，新获取200个用户　→76 889日元
>   D）单个用户的获取成本为2 500日元，新获取300个用户　→40 334日元

图 5-24　正确答案为 C）

另外，图 5-25 显示，当单个用户的获取成本达到 2 500 日元时，利润急剧减少。因此应格外注意，绝不允许用户的获取成本上升到 2 500 日元的水平。

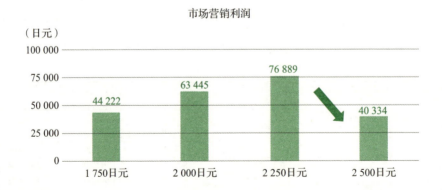

图 5-25　当单个用户的获取成本达到 2 500 日元时，利润急剧减少

像这样，新用户的获取成本过高或过低，都无法实现公司利润最大化。因此，市场营销负责人要不断寻求新用户获取成本与新获取用户数量之间的平衡。

我接触过的几家企业，最重视的经营指标都是"最大化的市场营销利润"。市场营销利润越大，给公司带来的长期利润也就越多。

相反，如果以短期利润增长为目标，可能导致公司严格控制营销费用。

我再重复一遍，市场营销利润的计算非常难，且预测精度有限。现实中我们经常会听到这类遗憾：原本预计的用户留存率为70%，但实际上只达到了60%，市场营销费用很高，利润出现负数。对待市场营销活动的效果，最重要的是抱有"即使进行稍微保守的预测，公司也能获取充足的利润"的态度。

7　LTV 模型能判断不同营销方式的效果

市场营销方式多种多样，如电视广告、杂志广告、网络广告等。另外，通过朋友间的口口相传获取新用户也是常用的营销方式之一。

要想验证每一种营销方式的效果，我们需要分别计算出每种方式产生的市场营销利润。

请看图 5-26，其中列出了每一种营销方式的预测和实际业绩。

先分析电视广告（第 13 行），LTV 实际数（单元格 F14）为 2 500 日元，处于较高水平。然而，电视广告的成本也相当高，获取成本为 2 100 日元。最终计算出电视广告的市场营销利润是 –30 万日元。看到这个结果，我们可以判断明年应停止投放电视广告。

朋友介绍的营销方式（第 20 行）获取成本为零。由于是口碑传播，所以不需要花费任何费用。LTV 也很高。也就是说，朋友介绍能够使公司获得长期使用的"高质量"用户。最终，市场营销利润实际数为 280.4 万日元，金额巨大。

	A	B	C	D	E	F	G	H
3								
4		2018年市场营销方式的预实对比						
5					预测	实际数	预实差异	实际与预测比
6		网络广告						
7			LTV	日元	2 000	2 100	100	105%
8			获取成本	日元	1 000	1 200	200	120%
9			销售成本	日元	400	420	20	105%
10			获取数量	个	1 300	1 500	200	115%
11			销售收入	千日元	2 600	3 150	550	121%
12			市场营销利润	千日元	780	720	−60	92%
13		电视广告						
14			LTV	日元	2 500	2 500	0	100%
15			获取成本	日元	1 900	2 100	200	111%
16			销售成本	日元	500	500	0	100%
17			获取数量	个	2 500	3 000	500	120%
18			销售收入	千日元	6 250	7 500	1 250	120%
19			市场营销利润	千日元	250	−300	−550	−120%
20		朋友介绍						
21			LTV	日元	3 000	2 850	−150	95%
22			获取成本	日元	0	0	0	N.M.
23			销售成本	日元	600	570	−30	95%
24			获取数量	个	1 000	1 230	230	123%
25			销售收入	千日元	3 000	3 506	506	117%
26			市场营销利润	千日元	2 400	2 804	404	117%

图 5-26　针对不同的市场营销方式，管理好 LTV

图 5-27 汇总展示了各种营销方式产生的销售收入和利润。单看销售收入，电视广告贡献的比重很大，但真正为公司创造利润的，是朋友介绍这种营销方式。基于此，市场营销负责人说："今年我们只重点投放了电视广告，目前来看意义不大。今后有必要加大力度开展朋友介绍这种营销方式。"像这样计算市场营销利润，有助于判断营销方式的优先次序。

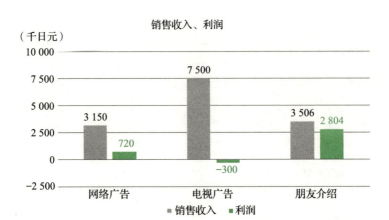

图 5-27 投放电视广告能带来大量的销售收入,但利润为负数

{ 8 } 用LTV模型进一步完善盈利预测结果

如前所述，建立LTV模型的目的是更好地判断"投放市场营销活动取得的长期效果"，这难以通过盈利预测实现。

市场营销负责人利用LTV模型能确定合适的用户获取成本和获取用户数量的目标。但管理层看到LTV模型后可能会问："我知道投放市场营销活动能为公司带来长期的利润。不过，若公司持续开展市场营销活动，明年及后年的销售收入和利润能达到多少呢？"

本章最后，基于LTV模型，我们来进一步完善盈利预测结果（见图5-28）。

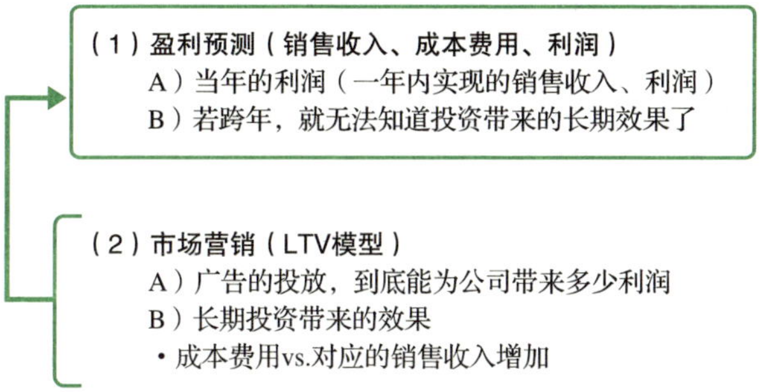

```
（1）盈利预测（销售收入、成本费用、利润）
    A）当年的利润（一年内实现的销售收入、利润）
    B）若跨年，就无法知道投资带来的长期效果了

（2）市场营销（LTV模型）
    A）广告的投放，到底能为公司带来多少利润
    B）长期投资带来的效果
    ·成本费用vs.对应的销售收入增加
```

图5-28 用LTV模型进一步完善盈利预测的结果

之前的 LTV 模型如图 5-29 所示。

	A	B	C	D	E	F	G	H	I	J
1										
2		年订阅费用	日元	1 000						
3		新增用户数	人	100						
4		用户留存率	%	70%						
5		单个用户的获取成本	日元	2 000						
6		销售成本率	%	5%						
7										
8		2019年市场营销活动产生的利润								
9										
10				2019年	2020年	2021年	2022年	2023年	合计	单个用户
11		订阅用户数	人	100	70	49	34	24		
12		年订阅费用	日元	1 000	1 000	1 000	1 000	1 000		LTV↓
13		销售收入	日元	100 000	70 000	49 000	34 300	24 010	277 310	2 773
14		销售成本	日元	5 000	3 500	2 450	1 715	1 201	13 866	139
15		市场营销费用	日元						200 000	2 000
16		市场营销利润	日元						63 445	634

图 5-29 以此 LTV 模型开始，完善盈利预测的结果

根据 LTV 模型的结果，要实现市场营销利润最大化，公司要实施如图 5-30 所示的市场营销战略。

（1）根据LTV模型的结果，实施如下市场营销战略
　A）单个用户的获取成本：2 000日元
　B）新获取用户数量：每年100人
　C）市场营销费用（广告费）：每年200 000元（=A×B）
　D）订阅费用：每年每人1 000日元
　E）用户留存率设定为70%
　F）预测期为2019～2024年，持续6年

（2）任务
　A）制作满足上述要求的盈利预测模型

图 5-30 案例分析

LTV 模型的逻辑是计算"特定年份获得的用户在未来年度的留存率对销售收入贡献的大小"。之前制作的 LTV 模型是基于 2019 年获取的用

户数量，计算将来产生的销售收入和利润。

但不仅是 2019 年，2020 年获取的用户也能产生销售收入和利润，2021 年获取的用户同样如此……如此累加到 2024 年，就能计算出累计订阅人数。

图 5-31 展示了完成后的效果。纵轴是新用户获取年份，横轴是各年总的订阅用户数量。

	A	B	C	D	E	F	G	H	I
1									
2			新获取用户数量/年		人	100			
3			用户留存率		%	70%			
4			年订阅费用		日元	1 000			
5			单个用户的获取成本		日元	2 000			
6			销售成本率		%	5%			
7									
8			订阅用户数量的变化						
9							订阅用户数量		
10				2019年	2020年	2021年	2022年	2023年	2024年
11		新用户获取年份	2019年	100	70	49	34	24	17
12			2020年		100	70	49	34	24
13			2021年			100	70	49	34
14			2022年				100	70	49
15			2023年					100	70
16			2024年						100
17			合计	100	170	219	253	277	294

图 5-31 2019～2024 年获取的总订阅用户数量

具体制作步骤为，2019 年订阅用户数量引用单元格 F2 中的 "100"（见图 5-32 单元格 D11）。

2020 年以后的订阅用户数量＝上一年订阅用户数量 × 用户留存率 70%（见图 5-33 单元格 E11）。

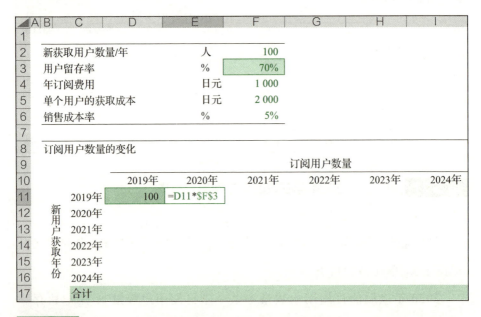

图 5-32 2019 年新获取用户数量

图 5-33 2020 年订阅用户数量 =2019 年订阅用户数量 × 用户留存率 70%

2020 年新获取的用户数量，也引用单元格 F2 中的"100"（见图 5-34 单元格 E12）。

	A	B	C	D	E	F	G	H	I
1									
2			新获取用户数量/年		人	100			
3			用户留存率		%	70%			
4			年订阅费用		日元	1 000			
5			单个用户的获取成本		日元	2 000			
6			销售成本率		%	5%			
7									
8			订阅用户数量的变化						
9						订阅用户数量			
10				2019年	2020年	2021年	2022年	2023年	2024年
11			2019年	100	70	49	34	24	17
12		新用户获取年份	2020年		=F2				
13			2021年						
14			2022年						
15			2023年						
16			2024年						
17			合计						

图 5-34　2020 年新获取用户数量

2021 年以后的订阅用户数量＝上一年订阅用户数量 × 用户留存率 70%（见图 5-35 单元格 F12）。

同上述步骤，我们完成了截至 2024 年订阅用户数量的计算，然后计算出各年订阅用户数量的合计数（见图 5-36 第 17 行）。

图 5-37 展示了计算出来的 2019～2024 年各年订阅用户数量。

接下来计算各年的销售收入、成本费用和利润。销售收入用"订阅用户数量 × 年订阅费用 1 000 日元"计算得出（见图 5-38 单元格 D21），此处使用千日元作为单位（求出金额后除以 1 000）。

	A	B	C	D	E	F	G	H	I
1									
2			新获取用户数量/年		人	100			
3			用户留存率		%	70%			
4			年订阅费用		日元	1 000			
5			单个用户的获取成本		日元	2 000			
6			销售成本率		%	5%			
7									
8			订阅用户数量的变化						
9						订阅用户数量			
10				2019年	2020年	2021年	2022年	2023年	2024年
11		新用户获取年份	2019年	100	70	49	34	24	17
12			2020年		100	=E12*$F$3			
13			2021年						
14			2022年						
15			2023年						
16			2024年						
17			合计						

图 5-35　2021 年订阅用户数量 =2020 年订阅用户数量 × 用户留存率 70%

	A	B	C	D	E	F	G	H	I
1									
2			新获取用户数量/年		人	100			
3			用户留存率		%	70%			
4			年订阅费用		日元	1 000			
5			单个用户的获取成本		日元	2 000			
6			销售成本率		%	5%			
7									
8			订阅用户数量的变化						
9						订阅用户数量			
10				2019年	2020年	2021年	2022年	2023年	2024年
11		新用户获取年份	2019年	100	70	49	34	24	17
12			2020年		100	70	49	34	24
13			2021年			100	70	49	34
14			2022年				100	70	49
15			2023年					100	70
16			2024年						100
17			合计	100	170	=SUM(F11:F16)	253	277	294

图 5-36　2021 年订阅用户数量的合计数

	A	B	C	D	E	F	G	H	I
1									
2			新获取用户数量/年		人	100			
3			用户留存率		%	70%			
4			年订阅费用		日元	1 000			
5			单个用户的获取成本		日元	2 000			
6			销售成本率		%	5%			
7									
8			订阅用户数量的变化						
9						订阅用户数量			
10				2019年	2020年	2021年	2022年	2023年	2024年
11		新用户获取年份	2019年	100	70	49	34	24	17
12			2020年		100	70	49	34	24
13			2021年			100	70	49	34
14			2022年				100	70	49
15			2023年					100	70
16			2024年						100
17			合计	100	170	219	253	277	294

图 5-37　2019～2024 年的订阅用户数量（第 17 行）

	A	B	C	D	E	F	G	H	I
1									
2			新获取用户数量/年		人	100			
3			用户留存率		%	70%			
4			年订阅费用		日元	1 000			
5			单个用户的获取成本		日元	2 000			
6			销售成本率		%	5%			
7									
8			订阅用户数量的变化						
9						订阅用户数量			
10				2019年	2020年	2021年	2022年	2023年	2024年
11		新用户获取年份	2019年	100	70	49	34	24	17
12			2020年		100	70	49	34	24
13			2021年			100	70	49	34
14			2022年				100	70	49
15			2023年					100	70
16			2024年						100
17			合计	100	170	219	253	277	294
18									
19			盈利预测						
20				2019年	2020年	2021年	2022年	2023年	2024年
21			销售收入	=D17*$F$4/1 000					
22			销售成本						
23			广告费						
24			利润						

图 5-38　销售收入（单元格 D21）= 订阅用户数量 × 年订阅费用

继续计算剩余的项目，销售成本＝销售收入 × 销售成本率5%（见图5-39），广告费＝新获取用户数量100人 × 单个用户的获取成本2 000日元（见图5-40）。广告费也使用千日元作为单位（求出金额后除以1 000）。

	A	B	C	D	E	F	G	H	I
1									
2			新获取用户数量/年		人	100			
3			用户留存率		%	70%			
4			年订阅费用		日元	1 000			
5			单个用户的获取成本		日元	2 000			
6			销售成本率		%	5%			
7									
8			订阅用户数量的变化						
9						订阅用户数量			
10				2019年	2020年	2021年	2022年	2023年	2024年
11		新用户获取年份	2019年	100	70	49	34	24	17
12			2020年		100	70	49	34	24
13			2021年			100	70	49	34
14			2022年				100	70	49
15			2023年					100	70
16			2024年						100
17			合计	100	170	219	253	277	294
18									
19			盈利预测						
20				2019年	2020年	2021年	2022年	2023年	2024年
21			销售收入	100	170	219	253	277	294
22			销售成本	=D21*$F$6					
23			广告费						
24			利润						

图 5-39　销售成本（单元格 D22）＝销售成本 × 销售成本率 5%

现在我们可以计算出利润（＝销售收入－销售成本－广告费，见图5-41）。

	A	B	C	D	E	F	G	H	I
1									
2			新获取用户数量/年		人	100			
3			用户留存率		%	70%			
4			年订阅费用		日元	1 000			
5			单个用户的获取成本		日元	2 000			
6			销售成本率		%	5%			
7									
8			订阅用户数量的变化						
9						订阅用户数量			
10				2019年	2020年	2021年	2022年	2023年	2024年
11		新用户获取年份	2019年	100	70	49	34	24	17
12			2020年		100	70	49	34	24
13			2021年			100	70	49	34
14			2022年				100	70	49
15			2023年					100	70
16			2024年						100
17			合计	100	170	219	253	277	294
18									
19			盈利预测						
20				2019年	2020年	2021年	2022年	2023年	2024年
21			销售收入	100	170	219	253	277	294
22			销售成本	5	9	11	13	14	15
23			广告费	=$F$2*$F$5/1 000					
24			利润						

图 5-40 广告费（单元格 D23）= 新获取用户数量 × 单个用户的获取成本

这样，刚才的市场营销战略（LTV 模型）就反映在盈利预测中了。

最后，用柱形图展示销售收入和利润。选中图 5-41 中销售收入（第 21 行）和利润（第 24 行）的数据，制作柱状图（见图 5-42）。

从柱状图可以看出，2019 年和 2020 年利润为负，2021 年以后的利润扭亏为盈。

	A	B	C	D	E	F	G	H	I
1									
2			新获取用户数量/年		人	100			
3			用户留存率		%	70%			
4			年订阅费用		日元	1 000			
5			单个用户的获取成本		日元	2 000			
6			销售成本率		%	5%			
7									
8			订阅用户数量的变化						
9							订阅用户数量		
10				2019年	2020年	2021年	2022年	2023年	2024年
11		新用户获取年份	2019年	100	70	49	34	24	17
12			2020年		100	70	49	34	24
13			2021年			100	70	49	34
14			2022年				100	70	49
15			2023年					100	70
16			2024年						100
17			合计	100	170	219	253	277	294
18									
19			盈利预测						
20				2019年	2020年	2021年	2022年	2023年	2024年
21			销售收入	100	170	219	253	277	294
22			销售成本	5	9	11	13	14	15
23			广告费	200	200	200	200	200	200
24			利润	−105	−39	8	41	63	79

图 5-41　完成了盈利预测

实际上，创业公司的事业计划书大多如此，最初几年亏损，之后扭亏为盈。为了筹措赤字期间的必要经费，创业公司需要从风险投资等机构筹措资金，此时前面提到的 LTV 模型就很有用。创业公司可以向风险投资机构如此说明："公司目前开展的市场营销活动，短期来看造成公司亏损，但结合 LTV 模型，它会给公司带来长期利润。因此我们现在急需资金推行市场营销活动。"

图 5-42　用柱形图展示销售收入和利润

9 使用 LTV 模型和盈利预测模型找到销售收入的饱和状态

前文介绍了通过调整"单个用户的获取成本"和"获取用户数量"来实现市场营销利润最大化的方法，本节介绍另一个重要的价值驱动因素"用户留存率"。

有时公司积极开展广告宣传等市场营销活动，扩大了业务规模，但销售收入无法实现增长。公司每年都在市场营销活动上花费相同金额，为什么销售收入却不增长呢？就是由于用户留存率的影响。

我们来分析前文中的订阅用户数量。图5-43显示的是用户留存率为70%时的订阅用户数量，若用户留存率为90%或50%，则订阅用户数量变化情况如图5-44所示。

从图5-44可以看出，当用户留存率为90%时，订阅用户数量稳步增长；当用户留存率为70%时，销售收入在2023年左右趋于平稳；当用户留存率为50%时，自2021年开始订阅用户数量基本难以增长。若用户留存率下降到50%以下，那么无论获得多少新用户，现有用户数量都在不断减少，总订阅用户数量不会增加。这就是"竹篮打水的状态"。

为了使销售收入达到可持续增长状态，要先实现"高用户留存率＝高用户生命周期总价值"。当用户生命周期总价值很高时，即使投入一定的市场营销费用，公司也能获得足够的利润，销售收入也能持续保持强劲增长的态势。

	A	B	C	D	E	F	G	H	I
1									
2		新获取用户数量/年			人	100			
3		用户留存率			%	70%			
4		年订阅费用			日元	1 000			
5		单个用户的获取成本			日元	2 000			
6		销售成本率			%	5%			
7									
8		订阅用户数量的变化							
9						订阅用户数量			
10				2019年	2020年	2021年	2022年	2023年	2024年
11		新用户获取年份	2019年	100	70	49	34	24	17
12			2020年		100	70	49	34	24
13			2021年			100	70	49	34
14			2022年				100	70	49
15			2023年					100	70
16			2024年						100
17			合计	100	170	219	253	277	294

图 5-43　用户留存率为 70% 时的订阅用户数量（见第 17 行）

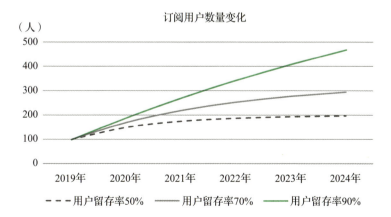

图 5-44　当用户留存率变化时，订阅用户数量也相应变化

10 提高用户生命周期总价值的各类方法

若用户生命周期总价值很高，公司就可以积极开展市场营销活动。例如，大型通信网络运营商大举投放电视广告的理由是，用户愿意长期支付费用，用户生命周期总价值非常高。这是"高用户留存率＝高用户生命周期总价值"的商业模式。

乐天是大型电子商务网站，同时也开展乐天信用卡等金融业务。用户在乐天网站上购物时，能用乐天信用卡、乐天银行进行支付……如此，单个用户创造的销售收入就能不断上升。这是"提高客单价＝高用户生命周期总价值"的商业模式。

另外，平时笔者也举办关于如何使用Excel的研讨会，为了吸引用户积极地开展网络推广。在刚开始举办研讨会时，广告效果一直不理想，其原因是研讨会只举办了一次，这样一来，从一个参加者身上获得的利润是非常有限的。此后，我的研讨会采取上、下半场的方式，持续参加研讨会的人开始逐步变多。最终单个用户的销售收入（用户生命周期总价值）成功得到提升，网络广告也继续积极开展。

后　　记

本书书名是我在 2013 年 10 月首次举办讲座的题目，至今仍作为招牌讲座的题目使用。我的讲座，比起传授 Excel 使用技巧，更多将重点放在"如何使用 Excel 与商务数字打交道"上。

自 2015 年 2 月出版第一本著作《为什么精英都是 Excel 控》以来，我收到了很多企业的讲座邀请，接触了上万名商务人士。讲座中，大家提出了工作实践中的各种问题、烦恼和经验，本书是以此为基础写成的。承蒙各位给予了我很多的知识和见解，在此我表示衷心感谢。

另外，钻石社的木山政行先生对本书给予了很大的支持，Excel 专家冈田泰子女士给了我大量宝贵的建议，均深表感谢。本书与《为什么精英都是 Excel 控》由同一个出版社团队负责，大家都非常有干劲。如果没有这样的团队，"商业模拟 ×Excel"这一难度较高主题的书恐怕很难出版。

本书出版后取得了不错的反响，近期讲座吸引了大量商务人士参与，企业内部讲座也全部满员，我感到非常高兴。期待与读过本书的各位见面！

熊野整

2019 年

会计极速入职晋级

书号	定价	书名	作者	特点
66560	39	一看就懂的会计入门书	钟小灵	非常简单的会计入门书；丰富的实际应用举例，贴心提示注意事项，大量图解，通俗易懂，一看就会
44258	30	世界上最简单的会计书	达雷尔·穆利斯	被当当、卓越读者誉为最翔实资料的易懂又有用的会计入门书
59148	49	管理会计实践	郭永清	总结调查了近1000家企业问卷，教你构建全面管理会计图景，在实务中融会贯通地去应用和实践
55905	39	手把手教你编制高质量现金流量表：从入门到精通	徐峥	模拟实务工作真实场景，说透现金流量表的编制原理与操作的基本思路
69271	59	真账实操学成本核算（第2版）	鲁爱民	作者是财务总监和会计专家；基本核算要点，手把手讲解；重点账务处理，举例综合演练
57492	49	房地产税收面对面（第3版）	朱光磊	作者是房地产从业者，结合自身工作经验和培训学员常遇问题写成，丰富案例
58610	39	中小企业税务与会计实务	张海涛	厘清常见经济事项的会计和税务处理，对日常工作中容易遇到重点和难点财税事项，结合案例详细阐释
62827	49	降低税负：企业涉税风险防范与节税技巧实战	马昌尧	深度分析隐藏在企业中的涉税风险，详细介绍金三环境下如何合理节税。5大经营环节，97个常见经济事项，107个实操案例，带你活学活用税收法规和政策
62750	99	一本书看透个人所得税	计敏 等	税务局所得税专业人士深度解读税法条例、部委文件重要政策问答形式，直击361项个税操作要点 115个案例，51张精心绘制图表从普遍到特殊、从简单到复杂 个税热点、难点、盲点问题一本书看透
42845	30	财务是个真实的谎言（珍藏版）	钟文庆	被读者誉为最生动易懂的财务书；作者是沃尔沃财务总监
64673	79	全面预算管理：案例与实务指引（第2版）	龚巧莉	权威预算专家，精心总结多年工作经验/基本理论、实用案例、执行要点，一册讲清/大量现成的制度、图形、表单等工具，即改即用
50885	49	全面预算管理实践	贾卒	不仅介绍原理和方法，更有59个案例示范如何让预算真正落地，附赠完整的全面预算管理表格和"经营业绩考评会"表格模板
61153	65	轻松合并财务报表：原理、过程与Excel实战	宋明月	87张大型实战图表，手把手教你用EXCEL做好合并报表工作；书中表格和合并报表的编制方法可直接用于工作实务！
60448	45	左手外贸右手英语	朱子斌	22年外贸老手，实录外贸成交秘诀，提示你陷阱和套路，告诉你方法和策略，大量范本和实例
63740	45	地道英语即学即用	毅冰	贸大咖毅冰的英语私房书；366个真实情景，浅显易懂；正确和错误表达对比讲解，一看就会
55681	59	美容院这样开才赚钱	张恒	中国美容院高业绩常态化的核心密码，美容院病态经营之盲区误区大起底，美容院院长运营管理的八大核心要素，美容院生态运营时代的案头读物
54616	39	十年涨薪30倍	李燕翔	实录500强企业工作经验，透视职场江湖，分享财务技能，让涨薪，让升职，变为现实
69178	169	财务报告与分析：一种国际化视角	丁远	从财务信息使用者角度解读财务与会计，强调创业者和创新的重要作用